나는 여성이고,
독립운동가입니다

나는 여성이고, 독립운동가입니다

다시 쓰는
독립운동
이야기

우리학교

차례

3부

여성이라서 하지 못할 이유는 없다

4부

나 스스로 읽고, 익히고, 말하리라

5부

고통에 지지 않는 역사의 순간들

6부

항일운동, 더 깊고 넓은 세계로 나아가다

7부

잊힌 여성독립운동가를 기억하며

나가는 글

일러두기

1. 발췌 및 인용문은 원문 그대로 싣되, 한자문은 저자가 한글로 풀어 옮겼습니다.
2. 3·1운동, 3·1만세시위, 3·1만세운동 등은 해석 범위에 따라 의미가 조금씩 다르기에 명칭을 통일하지 않았습니다. 3·1운동은 통상적인 의미를 나타내며 3·1만세시위는 행위와 행동을 강조하고 3·1만세운동은 만세시위 자체를 중점에 두는 개념으로 구분하였습니다.
3. 책, 장편소설, 잡지나 신문은『 』, 보고서, 기사, 시, 단편소설, 논문은「 」, 음악, 영화, 그림, 방송 프로그램은〈 〉로 구분하였습니다.

들어가는 글

시대의 경계를 뛰어넘은 여성들

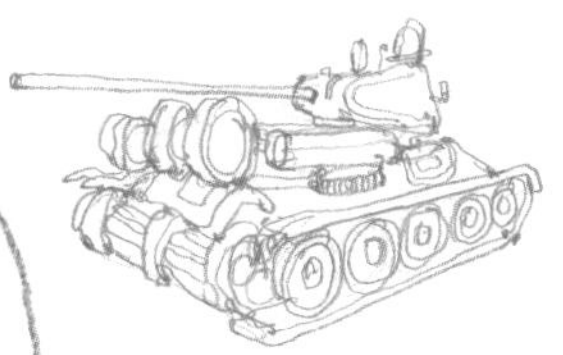

빛바랜 사진 한 장에 눈길이 멈춥니다. 군복을 입고 장갑차 앞에 서 있는 여성의 이름은 지복영. 결연한 표정과 강인한 눈빛이 압도적이지요.

지복영은 한국광복군 총사령관 지청천 장군의 막내딸로, 일본군을 피해 피난 중이던 중국 광서성 유주에서 열아홉의 나이로 독립운동에 몸을 던졌습니다. 그는 한국광복진선 청년공작대를 조직하여 활동했고, 1940년 한국광복군에 자원입대했습니다. 또한 『광복』이라는 잡지를 간행하여 적의 동향을 살피고 적진에서 선전 원고를 작성하고 방송을 했습니다.

당시 여성은 스스로 독립성을 갖고 있기보다 남성의 보호를 받아야 하는 존재로 여겨졌습니다. 지복영처럼 일부 여성들이 사관학교에 들어가 장교가 되어 투쟁을 하겠다고 했지만 임시정부는 이를 만류했습니다. "여성은 부녀단체에서 활동하는 것이 더 낫다."는 이유에서였지요. 하지만 여성들은 국내외에서 남성 못지않은 전투력으로 독립운동을 이어 나가며 세간의 인식을 서서히 바꾸어 놓았습니다.

우리가 잘 아는 여성독립운동가를 떠올린다면 누가 있을까요? 그래요, 단연 유관순이겠지요. 1919년 4월 1일, 유관순은 4천여 명의 사람들을 이끌고 '아우내 병천 만세시위'를 주도했습니다. 결국 이 사건의 주모자로 체포되어 재판을 받는 중에도 그는 재판관 앞에서 자신의 생각을 당당히 밝혔습니다. "나라를 되찾으려고 정당한 일을 했는데 어찌 군기(軍器)를 사용해 내 민족을 죽이느냐!"라고요.

익히 알다시피 3·1운동은 1919년 3월 1일에 한국이 일본의 식민지 정책으로부터 자주독립할 목적으로 일으킨 민족독립운동입니다. 이는 단 하루 만에 일어난 사건이 아니었지요. 전국뿐 아니라 세계 곳곳에서, 독립을 위한 절실한 투쟁과 분투가 꾸준히 지속적으로 이어졌습니다. 남녀노소 구분 않고 모두가 하나의 마음으로 함께했던 시민혁명이었지만 우리는 유관순을 비롯한 몇몇의 여성들 말고는 여성독립운동가에 관해 거의 모르고 지내 왔습니다. 그래서 독립운동은 남성들이 주로 이끌고 활동했던 것이라고 생각하는 이들도 많을 거예요.

사실 그동안 대다수의 한국여성은 전통사회의 그림자 속에서 시부모를 봉양하고, 남편을 내조하며, 아이를 낳아 기르는 조력자에 그쳤습니다. 하지만 역사의 역동적 흐름과 변화를 통해 전통적인 역할을 벗어나려는 여성들의 시도가 하나둘 생겨났습니다. 자기 분야를 개척해 나간 진취적 여성, 능동적인 삶을 산 여성, 주체적인 여성으로의 리더십을 가진 지도자를 새로운 역할 모델로서 좇게 되었지요.

그러한 의미에서 우리는 일제강점기 여성의 변화에 주목할 필요가 있습니다. 이 시기는 일제의 무력 침략하에서 뚜렷한 역사의식을 기반으로 적극적인 구국운동을 전개한 여성이 등장한 때입니다. 강한 리더십과 도전 정신을 발휘한 진취적 여성상을 찾을 수 있는 시기였습니다. 소극적이고 보조적인 위치에서 남성과 동등한 위치로 변화하기 시작한, 중요한 전환점이기도 합니다. 소용돌이치는 역사의 현장에서 성별의 구분 없이 나라를 위해 열렬히 활동했던 것이지요.

여성은 '국가-가정-개인'의 연결 구도를 강화하는 존재로, 불평등한 사회 구조를 뛰어넘어 민족의 자유와 독립을 지향하는 거침없고 진보적인 존재로 변화하기 시작했습니다. 그들은 이미 철저히 준비된 독립운동가였습니다. 대업을 수행하는 주인공으로, 믿음직한 동료로는 조직의 소통과 화합을 일구었고, 뛰어난 용기와 충절로 독립운동 각 분야에서 역사적 위업을 달성했지요.

하지만 그에 대한 평가는 여전히 전통적인 틀 속에 갇혀 있었습니다. 강인하고 위대한 업적을 제대로 인정받지 못하고, 존재감을 드러내지 못하고, 잊힌 존재들로 머물러야 했습니다. 누군가는 기억하고, 잊지 않으며, 전해 주어야 할 이야기들이 그곳에 남아 있었습니다. 저는 그 가느다란 기억의 끈을 놓지 않고, 단단히 붙잡았을 뿐입니다. 그러자 역사 속 여성들이 하나둘 제게 말을 걸어왔습니다. "여기, 나도 있습니다." 외치는 것처럼 어두운 역사의 그림자를 뚫고 나와 자신의 존재를 생생히 알려 주었지요.

2019년 1월 기준, 국가로부터 서훈을 받은 여성독립운동가는 357명입니다. 물론 그들 외에도 서훈을 받지 못한 여성독립운동가 2천여 명을 포함한다면 여성독립운동가의 수는 결코 적지 않습니다. 이 자리를 통해 저는 여성독립운동가들의 이름을 여러분과 함께 불러 볼까 합니다. 한말 최초 여성의병장인 윤희순을 비롯하여 남편 강무경 의병장을 따라 의병활동을 수행한 양방매, 국내항일운동에 앞장섰던 김마리아, 박자해, 조신성, 최용신, 김하란사, 3·1운동 때 활동한 유관순, 권애라, 동풍신, 조화벽, 문화운동을 했던 김두석, 학생운동을 나섰던 고순례, 박옥련, 이광춘, 의열투쟁 이혜수, 중국에서 활동한 곽낙원, 박차정, 정정화, 오희옥, 조마리아, 만주에서 활동한 남자현, 차경신, 이애라, 안경신, 노령활동 김알렉산드라, 광복군 오광심, 유순희, 전월순, 지복영, 임시정부활동 고수선, 김순애, 송미령, 미주활동 강원신, 이혜련, 전수산……. 그 밖에도 수많은 여성이 조국의 독립을 위해 활약했습니다. 이들 모두를 책에 담지는 못했습니다. 자료 조사와 발굴, 고증적 고찰과 연구가 여전히 진행 중인 까닭이지요.

어쩌면 이 책은 정통 역사서와 조금 다를지도 모르겠습니다. 시간 흐름에 따라 한국사의 큰 줄기를 읽어 나가지도, 굵직굵직한 역사적 사건들을 나열하지도 않았거든요. 오직 하나, 그동안 제대로 알지 못했던 역사 속 여성들을 찾아 나갔습니다. 떨어지는 한 방울의 물이 바위를 뚫듯, 작은 불씨가 큰 불꽃으로 피어나듯, 역사가 작은 시작으로부터 비롯됨을 소소히 보아 넘기지 말자고 생각했습니다.

독립운동은 남성들만의 것이 아니었습니다. 여성이 남성 활동가의 '뒷바라지'만을 하면서 보조적인 역할에 머문 것도 아니었습니다. 함께 조국을 지켜 내고 버텨 냈던 시기였기에 그들 모두가 독립운동의 중심이고 대한민국 광복을 이끈 주역입니다. 이제부터 여러분과 함께, 기록에서 사라지고 기억에서 잊혔던 여성독립운동가들의 못다 한 이야기를 나눌 것입니다. 이들이 걸어온 길을 찬찬히 돌아보면, 한국여성의 현주소가 어디쯤인지 짐작할 수 있지 않을까요? 그리하여 앞으로 우리가 나아가야 할 삶의 방향을 모색할 수도 있을 테고요. 제 손에 있는 이 가느다란 희망의 끈을 독자 여러분께 조심스레 건넵니다.

1부

대한독립만세!
여성의 목소리로 외치다

지역, 연령, 활동의 경계를 넘나들며 자유와 평화를 외친 여성독립운동가들. 그들은 독립을 위해 일제의 무력 침략에 당당히 맞섰습니다.

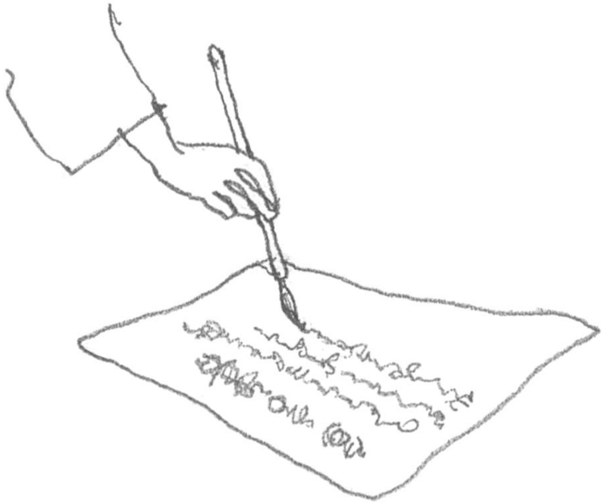

여성, 시대의 장벽에 소리치다

사람답게 살아갈 권리

1857년 3월 8일, 의류 산업에 종사하고 있는 미국 뉴욕의 여성노동자들이 거리로 나섰습니다. 열악한 노동 환경을 개선하고 비인간적인 노동 시간을 축소하며 남녀의 동등한 권리를 요구했던 것이지요. 과거 여성노동자들은 좋은 환경에서 사회 활동을 할 수 없었습니다. 물론 큰 변화를 꿈꿀 수도 없었지요. 1800년대 사회는 여성의 인권 신장을 요구하는 목소리를 가슴에 담을 준비가 되어 있지 않았던 모양입니다.

그로부터 약 50여 년이 지나 1908년 3월 8일, 1만 5천여 명의 여성들이 뉴욕의 러트거스 광장에 모였습니다. 이들은 노동 환경 개선, 노동조합 결성의 자유, 아동노동 종식, 임금 인상, 여성의 선거권, 정치적 평등권 보장 등을 요구하는 대대적 시위를 벌이게 됩니다. 당시 여성노동자들은 하루 12~14시간씩 먼지 가득한 공장에서 일해야 했습니다. 그러나 노동의 대가를 제대로 인정받지 못한 채 턱없이 낮은 임금과 생활고에 시달렸습니다. 굶지 않기 위해 인간 이하의 삶을 선택할 수밖에 없는 이들이 대부분이었지요. 이들은 여성도 선거를 할 수 있는 권리를 외쳤고 노조결성의 자유를 갈망했습니다. "우리에게 빵을 달라. 그리고 장미를 달라."라고 외쳤던 이들의 목소리가 귓가에 들려오는 것 같지 않나요? '빵과 장미'의 유래와 의미가 바로 여기에 있습니다. 빵은 굶주림을 해소할 생존권을 의미했고, 장미는 참정권과 인권을 의미했습니다.

이에 미국 사회당은 1909년 전국여성위원회를 구성하여 2월 28일을 '여성의 날'로 선포했습니다. 유럽에서는 1910년 덴마크 코펜하겐에서 열린 제2차 여성운동가대회에서 독일의 노동운동 지도자 클라라 제트킨이 '국제 여성의 날'을 결의했습니다. 그 후 1911년 독일, 오스트리아 등 일부 국가에서 여성의 날 행사를 개최했습니다. (참고로 '세계 여성의 날'이 3월 8일로 공식적으로 개최된 것은 1975년부터였습니다. UN은 세계 여성의 해를 맞아 이날을 세계 여성의 날로 지정하고 기념하게 되었지요.)

한편 1911년 3월, 뉴욕 한복판에 있는 원단 공장에서 큰 화재가 발생했습니다. 불은 순식간에 걷잡을 수 없이 번져 146명의 사망자가 발생했습니다. 사망자 대부분은 아메리칸드림을 안고 유럽에서 건너온 10대 소녀들이었습니다. 이 사건은 온 세상을 뒤흔들었고, 더는 참을 수 없게 된 여성들이 박차고 일어나 억압된 사회 구조와 시대의 장벽에 과감히 맞섰습니다. 이후 세계 각국에서 여성의 지위 향상과 권익 보장을 부르짖는 여성운동이 확산되었습니다. 그 과정에서 자유, 인권, 평화 회복과 해방을 위해 국제적인 연대를 맺게 되었습니다.

시대의 변화를 인식한 조선여인들

아시아 지역의 여성들도 근대사회로 전환되는 과정에서 큰 변화를 겪었습니다. 우리나라도 예외가 아니었지요. 문호 개방을 통해 해외 문물과 종교가 유입되면서 전통과 근대가 뒤섞였습니다. 이때 국내에 들어온 해외 선교사들은 전국에 교육기관을 설립했고 여성에게 교육의 기회를 제공했습니다. 남성의 전유물로 여겨졌던 교육을 접하면서 여성은 지식의 폭을 넓히고 스스로 각성하며 권리를 찾아 나가게 됩니다. 근대의 여성교육기관은 민족의식 회복과 애국계몽운동을 도모하는 곳이기도 했어요. 시대의 변화를 인식한 여성들이 일제의 침략에 저항하여 나라를 지키고자 스스로 노력하고 힘써서 실력을 양성한 곳이었지요.

당시 여성교육기관의 분포를 보면 여성독립운동가의 출생지, 활동 특성 등과 긴밀한 연관성을 가지고 있음을 알 수 있습니다. 해외문물의 유입과 선교사들의 활동이 자유로운 지역일수록 교육기관이 활발히 건립된 것이지요. 이를 통해 배출된 여성지식인들은 사회, 문화, 종교, 교육 분야 등 전 부문에 걸쳐 두각을 나타냈습니다. 그들은 스스로 사회에 이바지하고자 했습니다. 이는 투철한 항일의지와 위태로운 나라를 구하려는 가치를 기반으로 한 독립운동의 실천으로 이어졌지요.

우리나라 최초로 민간여성이 세운 여학교인 '정화여학교'. 이 학교를 설립한 김정혜는 사재를 털어 학교를 설립하여 여성개화운동에 평생을 바쳤습니다. 외국 선교사들이 머나먼 작은 나라 한국에까지 와서 학교를 세우고 교육 및 의료 사업을 펼치는 모습을 보고 큰 감명과 자극을 받은 것이 계기였습니다. 김정혜는 한 선교사가 운영하던 송계학당을 인계받아 생활이 어려운 처지에 있는 부인들, 남편을 잃은 부인들 등 예닐곱의 여성들을 가르치는 것으로 교육사업을 시작했습니다. 동지들과 함께 성경과 영어를 가르쳐 주었고, 직접 한글과 한문을 가르치면서 열과 성을 다했습니다.

김정혜는 여성들에게 낡고 오래된 인습에서 벗어나는 길은 교육뿐임을 강조했습니다. 배움의 중요성을 알리고 내실 있는 교육 환경을 갖추기 위해 무척 애를 썼지요. 남녀는 동등하게 배워야 하고, 여성이 무식하면 우리 사회가 무식해지고 일본을 비롯한 외세에 굴복할 수밖에 없다고 가르쳤습니다. 애국교육을 통해 국권을 수호하고자 하는 시기였기에 김정혜의 이러한 노력은 사람들의 마음을 움직였습니다. 학문을 배우려는 학생들이 점점 더 늘어났지요. 당시 개성의 유명한 교육가인 한교학, 개성의 유지 박우현, 공성학, 김기하 등은 정화여학교의 지원 방안과 교육 방침 등을 함께 논의했고 이에 대한 지속적인 지원을 약속하기도 했습니다. 다른 지역에서도 경제적 후원 및 기부가 줄을 이을 정도였습니다.

교육의 힘이 독립운동을 이끌어 내다

앞서 살펴본 정화여학교를 통해 알 수 있듯, 배움을 익혀 나가게 된 여성지식인들은 전통적인 가치관을 벗어 던지고 시대의 변화에 부응해 갔습니다. 억압된 삶을 회복하고 사회적 역할을 향상하기 위해 여성 스스로 끊임없이 노력했습니다. 이 시기의 여성들이 일제에 극렬히 저항할 수 있었던 원동력은 이러한 의식 변화에 있었을 겁니다. 그리고 이는 일제의 식민 정책 수행과 노예 교육에 반기를 드는 구체적 행동으로 이어지지요.

일제의 탄압과 고문이 만연했으나 여성들은 진취적인 독립 의지를 실천으로 보여 주었습니다. 지역, 연령, 활동의 경계를 넘나들며 자유와 평화를 외친 여성독립운동가들. 그들은 독립을 위해 일제의 무력 침략에 당당히 맞서는 것은 물론, 뚜렷한 역사의식을 가지고 구국운동을 이끌었습니다. 국가의 위기 속에서 우리 민족이 처한 현실을 극복하기 위해 지혜를 모았고 광복을 위해 민족의 결집을 강조했습니다.

일제강점기라는 시대의 장벽을 향해 힘껏 소리친 여성들. 이들을 이끈 힘은 독립정신을 잉태하게 한 교육, 그리고 교육에서 발현된 민족정신에 있습니다. 이제는 한국 근대사에서 가장 빛나는 한 장을 이루어 낸 여성의 당당함과 외침에 주목해야 할 때입니다. 자, 1부에서는 본격적인 이야기에 앞서 역사적으로 여성독립운동가가 가지는 의미와 역할을 알아보고, 3·1운동 전반의 과정을 살펴보겠습니다.

그 어떤 차별도 없이
오직 독립만을

동경에 울려 퍼진 2·8독립선언서

단풍잎이 떨어지고 앙상한 가지만 남아 있는 나무를 보며 우리는 겨울이 다가왔음을 느낍니다. 추운 겨울을 버티기 위해 스스로 옷을 벗어 던지고 인내의 시간을 보낸 뒤 힘찬 생명력으로 새로운 싹을 틔우는 나무들. 우리 역시 역사가 가져다준 고난 속에서 희망의 싹을 틔운 때도 있었고, 활짝 핀 꽃을 보며 기뻐한 때도 있었으며, 그저 움츠린 채로 다른 계절이 오기만을 기다린 때도 있었습니다. 이파리 하나 허용하지 않는 추운 겨울, 앙상한 나뭇가지와 같은 마음으로 봄을 기다린 고난의 나날들. 갖은 박해와 탄압 속에서도 독립을 염원하며 우리 민족의 강인한 생명력을 보여 준 시간이었을 테지요.

분명 봄도 있고 여름, 가을도 있었을 텐데 독립운동가가 걸어왔던

길목에는 왠지 춥디추운 겨울만 있었을 것 같습니다. 일제강점기에 태어나 국권 침탈이라는 비극적 아픔을 온몸으로 겪어야 했던 환경에서 조국의 독립을 열망했던 이들의 마음은 얼마나 서늘했을지, 상상만으로도 가슴이 저려 옵니다.

제28대 미국 대통령이었던 윌슨(Thomas Woodrow Wilson)의 민족자결주의 제창은 제3세계 국가에 민주주의에 대한 열망과 자유의 갈망을 자극했습니다. 일본에서 유학 중인 조선학생들에게 대한의 독립을 선언하는 계기를 제공한 것이지요. 1919년 2월 8일 조선청년독립단과 여학생들은 일본의 심장부 동경에 모여 2·8독립선언서를 낭독했습니다.

민족 궐기를 촉구한 재일 조선청년들의 목소리는 국내 3·1운동을 불러일으켰습니다. 일제의 수탈과 탄압으로 쌓여 온 울분은 3·1운동이라는 거족적인 만세시위를 통해 분출되었고, 한국독립운동사에 중요한 의미를 남겼습니다.

그 어떤 핍박도 막지 못한 독립을 향한 의지

3·1독립선언서는 2·8독립선언서의 내용에서 한 걸음 더 나아가 "조선은 독립국이며 조선인은 자주민"이라고 선언했습니다. 3·1운동은 우리 민족의 저력을 보여 주는 통합의 장이기도 했습니다. 국내뿐 아니라 간도 일대와 중국, 러시아, 일본, 미국에까지 전파되어 우리 민족을

한데 모았지요. 온 겨레가 함께한 민족운동이었던 만큼 수많은 희생도 뒤따랐습니다. 당시 만세시위운동은 전국 12부 220개 군 중 12부 211개 군에서 벌어졌는데, 3·1운동의 규모를 짐작하게 합니다.

1919년 3월 1일부터 5월 말까지 국내에서 전개된 만세시위는 1500여 회였고 참가 인원은 202만 3000여 명에 달했습니다. 학살된 한국인은 7500여 명, 부상자는 1만 6000여 명, 피체포자수는 4만 7000여 명이었고, 민가 715개소, 교회당 47개소, 학교 7개소가 파손되었습니다. 이외에도 알려지지 않은 비공식적 피해를 함께 감안한다면 당시 우리나라는 전쟁에 가까운 심각한 상황에 처해 있었음을 파악할 수 있습니다.

3·1운동이 국내외로 퍼져 가는 과정에서 일제의 실상이 전 세계에 폭로되었습니다. 일제는 자유를 외치는 평화시위자들을 무자비하게 살상했습니다. 그러나 그 어떤 핍박도 자유와 독립을 향한 강한 애국의지를 가진 우리 민족을 막을 수는 없었지요. 오히려 우리는 민족사에 가장 값진 유산을 남겼습니다.

모든 것을 초월한 전 민족적 항일운동

우리 역사에서 3·1운동이 중요한 이유는 자유와 독립을 향한 독립운동 과정에서 어떠한 차별도 없었기 때문입니다. 모두가 '대한독립만세' 여섯 글자에 목숨을 걸고 일제에 저항했습니다. 여성 또한 독립운동의 확장과 연계를 도모하는 역할을 수행했습니다. 특히 2·8독립선언에 참여했던 동경조선여자친목회 회장 김마리아는 일본여자로 변장한 뒤 2·8독립선언문 10여 장을 옷 속에 감추고 비밀리에 입국하여 전국에 3·1운동의 불씨를 지피고 확산시키는 공을 세웠습니다.

김마리아는 광주, 서울, 황해도 일대에 2·8독립선언서를 전달하고 뜻을 함께할 동지들을 모았습니다. 황에스더, 차경신 등 김마리아의 동료 유학생들도 귀국 후 여성의 독립운동 참여를 독려하는 활동을 펼쳤습니다. 김마리아, 유관순 등의 열혈 여성들은 거대한 만세운동 대열을 이끌어 나가며 나라와 겨레를 사랑하는 당당한 주체로 성장했습니다.

> 내 손과 다리가 부러져도 그 고통은 이길 수 있사오나 나라를 잃어버린 고통만은 견딜 수가 없습니다. 나라에 바칠 목숨이 오직 하나밖에 없는 것만이 이 소녀의 유일한 슬픔입니다.

유관순이 숨을 거두기 직전에 남긴 이 결연한 외침 속에는 민족에 대한 열정과 숭고한 애국심이 담겨 있습니다. 1919년 3월에 시작된 여성들의 구국운동은 일회적으로 끝나지 않고 이후에도 계속 이어져 여성독립운동의 역사적 맥락을 형성했습니다. 근대교육을 받은 여학생들은 전국 각지에서 비밀 결사대를 조직하여 활동했고, 치열한 역사의 현장에서 애국심으로 무장하여 일제에 저항했습니다.

조국의 독립을 포기하지 않은 이들, 오직 민족의 자유만을 꿈꾸고 실천한 이들을 떠올리며 오늘날 우리가 누리는 자유와 평화에 대해 다시 한 번 생각해 봅니다.

3·1운동, 그 후의 역사

민족의 애환을 달래 준 노래 <아리랑>

1983년 11월 3일, 안창호의 장녀 안수산의 자택에서 검붉은 빛의 한지가 발견되었습니다. 가로 49센티미터, 세로 31센티미터의 한지에는 붓으로 써 내려간 1350자의 글이 적혀 있었습니다. 맨 마지막에는 단기 4352년(서기 1919년) 2월, 작성자 여덟 명의 이름인 김인종, 김숙경, 김숙원, 김옥경, 고순경, 박봉희, 이정숙, 최영자와 '대한독립여자선언서'라는 제목이 씌어 있었습니다.

이 선언서는 미국과 상해, 국내를 오가며 활동했던 안창호의 부인 이해련을 비롯해 미주 지역 여성들이 3·1독립선언서와 함께 낭독한 '대한독립여자선언서'였어요. 미국과 노령 지역의 부인들이 부인회를 결성하며 연서로 발표한 것으로 1350자 모두 순 한글로 작성되어 있습니다. 이들은 광복을 바라는 마음으로 국가의 경계를 용감하게 넘나들었습니다. 삼엄한 일제의 감시를 피해 해외로 망명한 교민들과 해외 독립운동가의 활약은 독립운동을 지속적으로 전개하는 밑거름이 되었지요. 고향을 등지고 먼 타국에서도 광복을 염원한 우리 민족, 그 애환을 달래 준 노래가 바로 〈아리랑〉이었습니다.

〈아리랑〉은 우리나라 지방 각각의 특색과 전통성을 대변하는 민요입니다. 〈아리랑〉을 들으면 왠지 모를 저항과 애수, 역경을 딛고 일어서려는 불굴의 의지가 느껴집니다. 회한과 아쉬움, 희망과 비장함을 담은 노랫가락이 아픈 역사를 돌아보게 하지요. 나라를 잃고 이국땅을 떠돈 이들은 암울하고 참담한 현실 속에서 〈아리랑〉을 부르며 독립의 염원을 달래곤 했습니다. 연해주와 카자흐스탄 지역의 교포들도 〈독립군아리랑〉과 〈연변아리랑〉을 불렀습니다. 이 노래는 일제에 빼앗긴 땅과 들에 다시 찾아올 빛을 고대하던 우리 민족을 지탱해 준 힘이었습니다.

역사를 돌아보고 잊지 않는 자세

2015년 8월 26일 경남 통영에서는 여성가족부, 경상남도, 통영시 공동 주최로 제15회 '세계한민족여성네트워크(KOWIN)'가 열렸습니다. 세계한민족여성네트워크는 2001년에 발족하여 지금까지 18년을 이어오기까지 55개국 6400여 명의 선도적 여성들이 참여해 전 세계적 협력 체계를 구축하고 여성들 간의 유대를 더욱 강화하고자 매진해 왔습니다. 지난 2015년에 열린 대회에서는 광복 후 오늘의 대한민국을 일군 한인여성들의 역할을 조명했습니다. 특별 세션으로 '광복 70년 여성 독립운동가' 순서를 마련하여 1930년대 당시 10대 소녀로 독립운동에 투신했던 오희옥 지사를 직접 모셨습니다. 현재와 미래 세대가 함께 만나는 자리에서 광복 이전 한인여성의 활약상을 살펴보고 광복 이후 대한민국의 모습에 대해 논의해 볼 수 있었지요.

우리가 여성독립운동가에 대해 좀 더 인식하게 된 계기는 2015년 개봉했던 영화 〈암살〉 덕분일 겁니다. 영화 속 인물인 독립군 안옥윤의 역할과 모습이 무척이나 인상적이었지요. 여성저격수라니, 그동안 역사물에서 익숙하게 보아 온 캐릭터가 아니었으니까요. 독립운동가 남자현을 모델로 한 캐릭터라고 알려지면서 남자현에 대한 관심과 연구도 급격히 늘어났습니다. 여러모로 2015년은 여성독립운동가로부터 새로운 의미를 발견해 낸 의미 있는 해였습니다. 여성들의 투쟁도 남성 못지않게 여러 분야에서 다양한 형태로 전개되었음을, 〈암살〉 속 안옥윤처럼 진취적 신념을 소유한 행동하는 주체였음을, 나라를 지키고 사랑하는 마음에는 남녀구분이 없었음을 좀 더 확실히 인식하게 되었으니까요. 2018년에는 TV 드라마 〈미스터 션샤인〉을 통해 당시 상황과 독립운동가들의 삶이 많은 이들에게 뜨거운 관심과 깊은 슬픔을 다시 한 번 불러일으켰습니다.

역사를 돌아보고 잊지 않는 것, 조국의 독립을 염원하며 목숨을 바친 수많은 이들을 기억하는 것. 이는 우리가 짊어져야 할 역사에 대한 책임입니다. 안중근은 순국 직전 동포들에게 마지막 유언을 남겼습니다. 그 절실했던 바람을 함께 들어 볼까 합니다.

> 내가 한국독립을 회복하고 동양평화를 유지하기 위하여 3년 동안 해외에서 풍찬노숙하다가 마침내 그 목적을 달성하지 못하고 이곳에서 죽노니, 우리들 2천만 형제자매는 각각 스스로 분발하여 학문에 힘쓰고 실업을 진흥하며, 나의 끼친 뜻을 이어 자유독립을 회복하면 죽는 여한이 없겠노라.

배움을 통해 세상으로 한 걸음 더

여성이 배우지 아니해야 할 이유가 없다

앞에서 함께 살펴봤듯이 근대로 전환되는 과정에서 여성은 독립운동을 이끌고, 사회 진출을 모색하고, 여성운동의 선두에 서는 등 사회 곳곳에서 두각을 나타내기 시작했습니다. 여성이 변화할 수 있었던 가장 큰 원동력이 '교육'이었다는 이야기도 나누었지요. 배움의 기회를 제공해 주는 학교라는 터전을 통해 10대 여성들은 주체성을 찾고 자신의 역할을 확대해 갔습니다. 그렇게 지득한 충(忠)과 의(義)를 바탕으로 3·1운동 전후 전개된 항일운동의 전 과정에서 적극적으로 활동을 펼쳤지요.

1899년 5월 26일 자 『독립신문』 논설은 유교 사회의 고정관념에 치우친 여성관을 비판하고 여성의 사회적 지위 향상과 교육의 중요성을 언급했습니다. 이에 덧붙여 정부를 향해 기존의 남성편중 교육에서 벗어나 여성교육이 필요함을 설득력 있게 호소했습니다. 『독립신문』은 여성의 무지가 곧 가정교육의 침체를 가져올 수 있으므로 여성교육이 필수여야 한다고 강조했는데, 이는 한국여성의 학문과 식견을 높여 자녀를 올바른 길로 인도하고, 가정과 국가를 융성해야 한다는 주장과 맥을 같이하고 있습니다.

> 조선정부에서 제일 급하게 할 일이 사내아해들도 가르치려니와 계집아해들을 교육할 생각을 하여야 할 터인데 조선서는 계집아해들은 당초에 사람으로 치지를 아니하여 교육들을 아니시키니 전국 인구 중 반은 그만 내버렸는지라 어찌 아깝지 안 하리요 학부에서 사내아해들도 가르치려니와 불쌍한 조선 계집아해들을 위하야 여학교 몇을 세워 계집아해들을 교육시키게 되면 몇 해 아니하여 전국 인구 중 반이나 내버렸던 것이 쓸 사람이 될 터이니 (……)

이쯤 되면 한 가지 궁금증이 생길지도 모르겠습니다. '그렇다면 여성교육은 언제 어떻게 시작된 거지?' 하고 말이지요. 그래요, 이제부터 그 이야기를 나눠 볼까 합니다. 한국여성교육의 시작은 1886년 서울 이화학당에서였습니다. 이듬해인 1887년 설립된 정신여학교에 이어 전국에 하나둘 여학교가 설립되면서 여성교육은 서서히 확대되어 갑니다. 배움은 여성에게 강한 주체의식을 심어 주었습니다. 수동적이고 보조적인 역할에 머물지 않고 자발적인 인생을 살아가는 사람으로 의식 변화를 이끌어 냈습니다.

여학생들은 3·1운동에서 만세시위를 주도적으로 했고, 일제의 휴교령이 내려진 뒤에는 각자의 고향으로 돌아가 만세운동을 일구는 불씨가 됐습니다. 그들은 자주독립을 쟁취하기 위한 3·1운동과 독립운동, 여러 가지 활동을 통해 사회적 입지를 확고히 굳혀 나갔습니다. 여성은 그렇게 역사 안에서 소리 없이 변화하고 있었습니다.

전국 곳곳의 여학생 비밀 결사대

일제강점기 독립운동의 전개 과정을 살펴보면 전국 각지에서 활약한 여학생들의 활동이 눈에 띕니다. 그들은 자발적으로 비밀 결사대를 조직하여 독립운동을 했습니다. 비밀 결사대란 독립운동의 결의를 다지며 비밀리에 조직된 단체인데, 확고한 신념이 우선되지 않으면 존속하기 어려웠습니다. 그중 '여학생 비밀 결사대'는 각 학교별로 여학생들에 의해 자발적으로 만들어져 전국으로 확대되었습니다. 대표적인 여학생 비밀 결사대에는 '호수돈여학교 비밀 결사대'와 '숭의여학교 송죽결사대'가 있습니다. 호수돈여학교 비밀 결사대는 1919년 3월 3일 독립선언을 위해 권애라, 장정심, 조숙경 세 사람의 핵심 구성원을 시작으로 이향화, 권명범, 이영지, 류정희, 조화벽, 김정숙 등이 합류해 조직되었습니다. 이들은 3월 3일 조숙경을 선두로 만세시위를 벌였고, 시민과 합류하여 개성 만세시위의 동력이 되었지요.

숭의여학교 송죽결사대는 1913년 초대 회장인 김경희, 황에스더, 안정석 등을 중심으로 시작되어 박현숙, 황신덕, 채광덕, 이마대, 송복신, 이효덕, 김옥석, 최자혜, 서매물, 최의경, 이혜경 등 20여 명의 선후배로 구성되었습니다. 이들은 민족의식과 역사의식을 강화하는 비밀 집회를 주기적으로 가졌습니다. 3·1운동 이후에도 임시정부요원 활동을 하였고 대한애국부인회 활동 등의 주역으로 만세운동을 확대하는 데 크게 기여했습니다.

또한 광주여자고등보통학교의 비밀 결사대 '소녀회'는 1928년 11월 장매성을 중심으로 박옥련, 박계남, 장경례, 이금자, 남협협, 박채희, 박현숙, 김금연, 김귀선 등이 매월 1회씩 집회를 하며 독립을 논의하며 민족의식을 고취하고, 지역 조직과의 연대를 도모하는 등 비밀 회합을 통해 독립운동을 준비하고 일제의 부당함에 저항했습니다.

이외에도 서울 이화학당의 '이문회'는 국내외 독립 운동을 논의하는 중요한 단체였으며, 부산의 '일신여학교'는 부산 3·1만세운동의 시초가 되었고, 공주의 '영명여학교'는 여성독립운동가를 다수 배출했습니다. 이름만 줄줄 나열했을 뿐인데도 흥미진진한 이야기가 숨어 있는 것 같지 않나요? 여학생 비밀 결사대에 관한 내용은 2부에서 좀 더 자세히 다루려고 합니다.

역사의 뜨거운 현장 속에서

독립운동사에서 여학생이 주목받는 이유는 그들이 3·1만세운동을 전파하고 확산하는 동력이 되었기 때문입니다. 여학교와 여학생의 등장은 오랜 세월 까맣게 잊히고 상실되었던 여성의 주체성 회복을 의미했습니다. 1898년 우리나라 최초의 근대여성단체인 '찬양회'를 비롯해 많은 사회문화단체, 종교단체, 자선단체, 애국단체, 유학친목단체, 친목단체가 결성된 것은 여학생 배출 및 성장과 관련이 있습니다. 나라 사랑과 정의 수호의 정신을 바탕으로 한 여학생 독립운동은 일제에 대항하는 굳센 태도와 강인한 의지 확립에 큰 영향을 미쳤습니다.

앞서 저는 1886년 이화학당 설립을 시작으로 여성교육이 이루어졌다고 이야기했지요. 그러나 이것은 반은 맞고 반은 틀린 주장일지도 모르겠습니다. 여성들에게 실질적으로 교육의 기회가 주어진 것은 그로부터 한참이 지난 뒤였으니까요. 그 시간 동안 얼마나 많은 어려움과 고난이 있었을지, 짐작이 가나요?

전국 각지의 여성교육기관은 단순히 문맹퇴치 차원이 아니라, 여성의 사회적 존재성을 일깨워 주는 삶의 현장이었습니다. 미국 해외여선교회가 1938년에 발간한 『영광의 50년』에는 충청도 공주 영명여학교에 부임한 선교사 사라 영(Sarah Young)의 글이 실려 있습니다.

우리가 가는 어느 곳이나 공부에 갈증을 느끼는 같은 마음의 소녀 소녀들이 있었다. 그러나 학교가 없고 또 선생들이 없다. 그리고 이 커다란 지방에는 단지 적은 수의 어린이들만이 공주에 있는 학교에 들어갈 수 있거나 서울과 평양에 있는 고등학교에 갈 수 있다. 그래서 우리가 한국에 가져다준 큰 공 중에서도 우리의 마음은 무겁고 우리의 영혼은 짐을 진 느낌이다. 왜냐하면 필요한 모든 것을 할 적당한 장비가 부족했기 때문이다.

이 글에서는, 지식을 전달해야 하는 교육자의 의무를 넘어선 절실한 책임감이 느껴집니다. 그 시대의 교육은 지식 전달이라는 일차원적인 목적을 뛰어넘은 것이었습니다. 닫혀 있는 세상과 연결해 주는 소통창구였지요. 선교사들은 한국여성이 배움을 통해 눈을 뜨기를 바랐습니다. 한국여성들 스스로 여성교육단체와 계몽단체 등을 조직하고 지도자가 되기를, 한국사회의 진일보가 이루어지기를 바랐습니다.

여학생 독립운동 활동을 통해 한국여성에 대한 역사적 이해와 공감이 더욱 깊어지기를 바랍니다. 자, 그럼 2부에서 그에 관한 이야기를 해 보겠습니다.

2부

전국 곳곳의 여학생 비밀 결사대

온 나라가 일제의 수탈로 신음하던 때,
오직 광복을 위해 대한독립만세를 뜨겁게 외친
여성독립운동가들을 떠올려 봅니다.

호수돈 비밀 결사대와 조화벽

기독교, 조선에 도착하다

변방의 작은 나라 조선에서 기독교 선교가 시작된 것은 서구의 팽창주의 정책과 미국 기독교의 적극적인 선교 의지 때문이었습니다. 당시 우리나라 개화파 진영은 서구 문명을 적극적으로 수용해 서구의 도전과 침략을 극복하고자 했습니다. 이에 공감하고 있던 조선 왕실은 기독교에 호의적이었습니다. 조선을 찾아온 미국 선교사들은 교육에서 멀찌감치 소외된 어린이와 여성의 처지를 알고는 놀라움을 금치 못했습니다. 선교사들을 중심으로 국내에 여학교가 잇달아 세워지면서 봉건 제도하에서 존중받지 못했던 여성들도 신교육을 경험하게 됩니다. 한국 근대교육을 일구는 장소가 바로 교회였지요. 선교사들은 교육을 통해 변화라는 선물을 주었고, 이로 인해 조선의 여성들은 종교와 교육의 씨앗을 싹틔울 수 있었습니다.

1897년 남감리교 선교사 콜리어(C. T. Collyer, 한국명 고영복) 부부가 경기도 개성 지역에 정착하면서 선교 활동의 토대를 닦기 시작했습니다. 2년 뒤 1899년 12월, 선교사 캐롤(A. Carroll, 한국명 갈월)이 기독교 정신을 통한 근대여성교육을 목적으로 학교를 설립했습니다. 그는 한국어에 능통했고 한국의 여성문제에 많은 관심을 갖고 있었거든요.

미국 남감리교 홀스턴 연회는 한적한 곳의 초가집을 사들여 주일학교로 개교하면서 12명의 어린 소녀와 함께 신식 수업을 시작했습니다. 이는 1904년 '개성여학당'이라는 명칭의 학교로 정식으로 설립됩니다. 학생들에게 공납금, 식비 등을 일체 받지 않고 전원 모두 기숙사에서 생활하도록 했지요. 이후 4년이 지나 1908년에는 학교 이름을 '호수돈여학교'로 바꾸었습니다. 홀스턴이 영어라 한자가 없으므로 가차(假借) 방법을 활용하여 뜻은 다르지만 음이 같은 글자 '호수돈'을 쓴 것이었지요.

일제에 당당히 맞서기 시작하는 움직임

당시 조선에서는 사회 풍속을 제대로 가르치고 알린다는 명분 아래 부녀자의 외출을 금지하거나 제한했습니다. 여성의 사회 활동은 남성에 비해 차별적이었기에 그만큼 까다롭고 어려웠습니다. 남녀 간의 자유스러운 접촉을 금하였던 '내외법(內外法)', 일곱 살이 되면 이제 남녀가 한자리에 같이 앉지 않는다는 '남녀칠세부동석' 등 유교적 가르침과 규범을 따르는 사회에서 신여성교육의 중요성과 남녀평등사상을 바탕으로 한 의식교육에 주력한 여성교육기관의 건립은 그야말로 충격 그 자체였겠지요.

1910년 한일병합조약 체결 후 일본은 조선총독부를 설치했습니다. 그러고는 본격적으로 민족말살정책을 펼치기 시작했습니다. 일본은 기독교 교육과 교회 확산이 반일주의를 양산한다고 확신했습니다. 조선인의 독립성을 말살하고 일제의 식민지화를 영구히 하기 위해 발표한 조선교육령 이후 고등교육을 억제하고 하급 직업인만을 양성하려는 식민지 우민화 정책을 지속했습니다. 자신들의 지위와 권력을 강화하고 유지시키기 위해 우리 국민의 판단력을 없애고자 한 것입니다. 일제의 탄압과 감시, 수탈에 시달리던 우리 민족은 1919년 3·1만세운동을 시작으로 저항을 분출하기 시작했습니다. 전국적으로 만세운동이 전개되자 개성의 호수돈여학교도 예외는 아니었습니다.

호수돈여학교 학생들의 독립운동에 대한 의지는 무척 뜨거웠습니다. 북부교회 전도부인이자 성경학교 사감 선생이었던 어윤희는 만세운동이라는 거사에 교인과 학생을 동원하고자 준비 소식을 전했습니다. 그리고 그는 권애라, 장정심, 이향화, 박마리아, 김낸시, 권명범, 이영지, 류정희, 조화벽, 김정숙 등과 함께 결사대 조직에 대해 의논했습니다.

그들이 극비리에 만나 만세운동을 준비한 곳은 학교 4층에 위치한 작은 기도실이었습니다. 이들은 기숙생을 포섭하여 연명선서를 만들었고, 기도실 커튼으로 태극기를 만들어 만세시위를 준비했습니다. 드디어 3월 3일, 약속의 그날 아침, 호수돈 비밀 결사대원은 퇴학 원서를 써 놓고 기도회장으로 향했습니다. 평소와 다름없이 기도회를 마친 뒤, 학생들은 찬송가를 부르며 경찰서 앞으로 자연스럽게 행진했습니다. 일본 경찰의 눈에는 마치 전도를 위한 행렬로 보일 정도로 자연스러웠지요. 어윤희가 민족자결주의를 연설하며 중앙지대로 올라가자 교회 부인과 청년들은 미리 준비해 둔 선언서를 뿌리며 대한독립만세를 외치기 시작했습니다. 호수돈여학교 학생들이 주도한 만세시위에 미리흠여학교와 송도고등보통학교 학생 200여 명이 합세했고, 이에 개성 시민들이 합류하여 만세시위가 들불과 같이 번져 나갔습니다.

버선목 솜 안에 숨겨 놓은 독립선언서

당황한 일본 경찰은 방망이를 휘두르며 학생과 시민들을 검거했지만 저항의 몸부림은 오히려 끊임없는 시위로 이어졌습니다. 일본 경찰에 대항하며 대한독립만세를 외치는 개성 시민의 울부짖음은 하늘을 가득 채웠습니다. 의연하고 당당했던 호수돈여학교 학생들의 행렬을 상상해 보면, 그 뜨거운 의지가 여기까지 전해오는 듯합니다.

3·1만세운동이 전국적으로 확산되면서 일제는 휴교령을 내렸습니다. 학생들은 대부분 고향으로 돌아갔는데, 강원도 양양이 고향인 결

사대원 조화벽은 독립선언서 한 장을 숨기고 일제의 삼엄한 수색과 경계를 피해 대포항에 도착했습니다. 일본 경찰은 배에 타고 있던 승객들의 소지품을 일제히 압수 수색했지만 조화벽이 버선목의 솜 속에 숨겨온 독립선언서를 발견하지는 못했습니다. 그렇게 그가 품고 온 독립선언서 한 장은 양양 지역의 3·1만세운동을 일으키는 희망의 씨앗이 되었지요.

이후로도 그는 양양 정명학원을 설립하여 독립정신을 전파했고 상해임시정부 군자금을 준비하는 등 변함없는 의지로 독립운동을 이어갔습니다. 이처럼 조화벽의 투철한 애국심은 호수돈 비밀 결사대의 굳은 약속에서 비롯된 것이었을 테지요.

조화벽(1895~1975)

개화된 부모님의 영향을 받아 성장한 조화벽은 1910년 원산성경학교와 1912년 원산류씨여학교, 개성의 호수돈여학교에서 공부했습니다. 공주 3·1만세운동으로 옥고를 치른 유관순과 인연이 되어 1925년, 유관순의 오빠 유우석과 결혼했습니다. 1928년 원산여자기독교 청년회 활동 등 확고한 신념으로 독립운동을 이어 갔습니다.

저항의 행진, 일신여학교

인간 존중의 사상, 인내천과 사인여천

1884년 갑신정변을 일으킨 박영효는 정변 실패 후 일본으로 망명했습니다. 그는 1888년 1월 13일 고종에게 올린 '개화상소'를 통해 개화의 필요성을 알렸습니다. 여덟 가지 조목으로 나누어 세계정세, 법치, 경제, 보건, 국방, 정치, 자유와 평등 등 국정 전반에 관한 개혁 방안을 다루었습니다. 여기에서 주목한 것은 부녀에 대한 학대를 금지하고 6세 이상의 남녀는 모두 취학해야 한다는 내용의 남녀교육 균등 시행 등이 구체적으로 언급되었다는 점이었습니다. 그러나 그가 주장한 남녀동권론(男女同權論)은 당시 개화당이 처한 정치적 상황에서는 실현 가능성이 낮았습니다.

1890년대 중반, 우리나라는 사회 제도 전반적으로 큰 변화를 맞이했습니다. 동학도들을 중심으로 기존의 사회 체제를 무너뜨리는 혁명이 일어났고, 젊은 여성 수령이 중심이 되어 민중의 격변을 이끌어 내기도 했습니다. 여성개화 및 남녀동권의 실천적 측면은 당시 동학이 강조한 인내천(人乃天)과 사인여천(事人如天)을 통해 잘 나타납니다. 인내천은 '사람이 곧 하늘이다.'라는 뜻으로 사람의 마음속에 하늘과 같은 고귀함이 있다는 의미이지요. 사인여천은 '사람을 하늘처럼 섬기라.'는 가르침으로 인간 존중을 강조하는 말입니다. 두 가지 모두 인간 존중과 남녀평등이라는 실천적 측면을 드러내는 말이었지요.

1895년 7월, 고종은 소학교령을 반포하여 모든 남녀에게 공적인 교육의 기회를 부여했습니다. 그러나 학업을 명분으로 '여식'을 사람들 앞에 드러내 놓기란 쉽지 않은 일이었나 봅니다. 앞서 1886년에 최초의 여성교육기관인 이화학당이 설립된 뒤 9년이 지났음에도 여전히 이러했으니, 사회 분위기가 어땠는지 짐작이 가지요? 1896년 5월 12일 자 『독립신문』 논설을 살펴보면 그 안타까움을 좀 더 실감할 수 있습니다.

> 자식들 교육시키기를 봄에 씨 뿌리는 줄로 생각하기를 바라노라. 정부에서는 학교 몇 개를 시작해 아들을 가르치나, 계집아이 가르치는 학교는 없으니 (……) 계집아이들은 조선의 아이가 아니며, 조선의 자식 되기는 일반이거늘, 오라비는 학교에 가서 공부하는 권이 있으되 불쌍한 계집은 집에 가두어 놓고, 가르치는 것은 다만 사나이에게 종노릇할 직무

만 가르치니 우리는 그 계집아이들을 위해 분히 여기노라. 정부에서 사내아이들을 위해 학교 하나를 세우면 계집아이들을 위해 또 하나를 짓는 것이 마땅한 일이다.

부산 최초의 여성교육기관이 설립되다

그럼에도 변화의 물결은 전국 곳곳으로 차차 뻗어 나가고 있었습니다. 부산에서는 지역 최초의 근대적 여성교육기관인 '일신여학교'가 설립되었습니다. 1800년대 후반 중국 복주에서 활동하던 영국 성공회 계통의 울프(J. H. Wolfe) 주교와 중국인 전도사 2명이 부산을 방문했습니다. 울프는 호주의 한 신문에 조선의 선교 사업 활성화 필요성과 그에 대한 지원을 호소하는 글을 실었습니다. 기사를 유심히 지켜본 호주 선교사들은 조선에 깊은 관심을 표명했고, 1889년 10월 데이비스(J. H. Davis) 목사가 부산으로 파견되었지요. 그는 서울, 부산, 경남 일대를 오가며 선교 활동을 적극적으로 펼쳤으나 안타깝게도 1890년 4월 천연두로 세상을 떠나고 맙니다.

이후 호주 장로교 선교회 여성 전도부는 맥케이(J. H. Mackay) 목사 부부와 멘지스(B. Menzies), 페리(J. Perry), 무어(E. Moore) 등을 부산으로 보내 고아원 아이들과 교인 자녀들을 대상으로 주간 학교를 설립하도록 했습니다. 그 학교는 일신(Daily New, 날마다 새롭게)이라는 이름으로 불렸는데, 민족과 국가에 헌신하는 일꾼을 양성하는 데 교육 목표를 두었습니다. 일신여학교 학생들은 신교육을 받으며 세계의 정세에 눈을 떴고, 자주적이고 자립적인 자세와 민족정신을 함양해 갔습니다.

일신여학교 교사들과 학생들은 1919년 당시 부산의 만세운동을 주도했습니다. 3·1운동이 발생한 직후 서울의 학생 대표는 부산으로 내려가 서울의 상황을 알리고 독립선언서를 전달하며 시위를 독려했습니다. 이에 일신여학교 학생들은 일본 경찰의 눈을 피해 주경애, 박시연 선생과 함께 전깃불을 끄고 이불로 창문을 가린 채 만세시위를 준비했지요. 누군가 다가오는 소리가 들리면 벽장 속에 들어가 촛불을 밝혀 가며 태극기를 만들었는데, 태극기를 만든 옷감은 일신여학교 학생 김반수의 어머니가 딸의 혼수용으로 마련해 둔 옥양목이었습니다. 사발을 뒤집어서 태극 모양을 그렸고, 학교 인근의 대나무를 잘라 깃대로 사용했습니다. 독립을 염원하는 간절함을 담아 100여 개의 태극기를 제작했습니다.

부산 전체로 번진 뜨거운 태극 물결

마침내 1919년 3월 11일 저녁, 일신여학교 교사 주경애의 주도로 동료 교사 박시연, 학생 심순의, 김봉애, 김복선, 김반수, 김응수, 김신복, 이명시, 송명진, 김순이, 박정수, 김난줄 등 13명의 여성들은 기숙사를 뛰쳐나와 좌천동 거리를 누비며 대한독립만세를 외쳤습니다. 거리에 만세 울음을 쏟아내며 태극기를 흔드는 여학생들의 모습에 수백 명의 군중이 시위에 동참했습니다. 태극 물결은 부산 전체로 번져 나가 동래고보 봉기, 범어사 학생 의거, 가덕진 의거, 구포시장 의거 등 부산 경남 지역에서 일어난 만세시위의 효시가 되었습니다.

시위 후 이들은 모두 일본 경찰에 체포되어 모진 심문을 당했습니다. 보안법 위반으로 징역 5개월에서 많게는 1년 6개월까지 언도받고 복역하였습니다. 당시 일본 경찰의 자료에는 다음과 같이 기록되어 있습니다.

> 부산진 소재 기독교 경영 일신여학교 한국인 여교사 김말이 외 생도 1명을 취조한 바 동교 교장인 데이비스 및 한국인 여교사 주경애가 주동이 되어 교원 일동에 대해 '각지에 독립운동을 시작하고 있으니 우리 학교도 거사하자.'는 협의를 하고 이를 생도들에게 전달하여 3월 10일 동교 고등과 생도 11명이 기숙사에서 한국기 50개를 제작, 이를 동교 기숙사감 메제스에게 넘겨 준 것을 진술하였으므로 동인을 취조한 바 깃대 31본을 생도들에게 제공한 사실을 자백, 나아가서 가택 수색한 결과 기숙사 옆에 쌀겨 있는 곳에서 한국기를 발견하였을 뿐만 아니라 한국기를 제작할 때 사용한 붓, 기타도 압수하였다.

일신여학교는 부산·경남 일대 신여성의 상징이었고 민족정신의 양성소였습니다. 3·11 의거를 주도한 13명의 위인들은 조국을 위해 이 한 몸 바치겠다는 각오로 기꺼이 광복의 밑거름이 되었습니다. 이들뿐 아니라 수많은 졸업생들도 독립운동의 일선에서 활발하고 다양하게 활약했습니다.

온 나라가 일제의 수탈로 신음하던 때, 오로지 광복을 위해 있는 힘을 다한 그들의 뜨거운 숨결을 느껴 보세요. 태극기를 흔들며 목이 터져라 대한독립만세를 외치던 이들을 떠올려 보세요. 대한민국 국민임이 그 어느 때보다도 자랑스럽게 느껴질 것입니다.

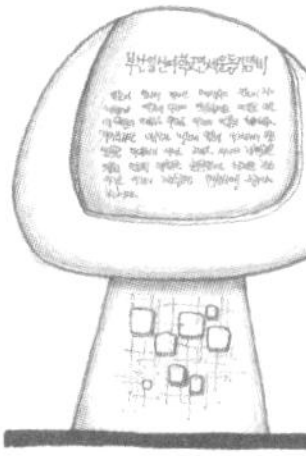

일신여학교

영남 지역 최초의 근대여성교육기관입니다. 일신, 즉 날마다 새롭게라는 뜻으로 민족과 국가에 헌신하는 일꾼을 양성하는 데 교육 목표를 두었습니다. 현재 사립 일반계 고등학교 '동래여자고등학교'로 교명이 바뀌었습니다. 부산 초량에 위치한 부산진일신여학교 기념전시관에는 학생과 교사의 만세운동을 기록한 역사물, 손편지 등이 보관되어 있습니다.

숭의여학교와 송죽결사대

우리 문화와 의식을 말살하려는 일제에 맞서

먼저, 여러분께 질문을 하나 건네 보겠습니다. 역사란 무엇일까요? 저마다 비슷하고도 다양한 대답이 나올 것 같은데요. 영국의 역사학자이자 『역사란 무엇인가』의 저자인 에드워드 카(Edward H. Carr)는 "역사란 과거와 현재 사이의 끊임없는 대화다."라고 말했습니다. 역사란 본질적으로 현재에 비추어 과거를 배우고 이해하는 것이고, 역사로부터 배우는 것이 결코 일방적인 과정일 수 없음을 뜻하는 말이지요.

일제는 한일강제병합 체결 직후에 종전의 통감부를 총독부로 승격 개편했습니다. 그러고 나서 헌병과 비밀 경찰을 동원해 무단 통치를 실시했습니다. 그들의 식민 정책은 서구 열강의 시민 정책과는 달랐습니다. 우리의 민족의식과 민족 문화를 말살하고, 조선과 자신들의 나라를 통합하려 했지요. 식민지 교육의 목적 달성을 위해 조선 내에서의 교육을 보통교육과 실업교육·전문교육으로 한정했으며, 고등교육에 관한 규정은 아예 처음부터 두지 않았습니다.

그러나 우리는 일제의 탄압 속에서도 간도, 만주, 중국 등지에 학교를 건립하여 역사교육과 민족교육에 주력했고 독립운동가 양성에 박차를 가했습니다. 이 과정에서 1903년 10월 미국 북장로교 선교사 마펫(Samuel A. Moffett, 한국명 마포삼열)이 평양에 설립한 숭의여학교는 서북지방 여성들에게 기독교 복음을 전파하고 신학문 교육을 통한 인재양성을 목적으로 세워졌습니다.

사실 숭의의 모태는 1887년 그레이엄(Graham Lee, 한국명 이길함) 목사 부부의 집 앞 단층 기와집에서 10여 명의 규수가 모여 시작한 예수교소학교였습니다. 6년 과정의 예수교소학교 졸업생의 상급기관 진학을 위해 마펫 목사는 선교부에 중등교육기관의 필요성을 피력했고, 평양 최초의 병원이었던 광혜원(이후 제중원으로 명칭을 변경하게 됩니다) 건물에 숭의여학교가 문을 열었습니다. 당시 여성들은 외출과 사회 활동이 엄격히 제한되어 있었기에 "귀한 것이 학생이요, 더욱 소중한 것이 여학생이다."라는 말이 오갈 정도로 학생 모집에 어려움을 겪었다고 합니다.

'숭의'라는 교명은 '의를 높이고 숭상한다.'는 의미로 '사랑의 여성, 의로운 여성, 봉사의 여성'을 건학 정신으로 삼았습니다. 신교육, 신문화, 기독교 교육은 물론 남녀평등 사상 고취를 통해 여성을 일깨우는 데 앞장섰습니다. 특히 1회 졸업생 김경희와 김애희 자매는 숭의여학교 교사, 김보원은 전북 기전여학교 교사, 김유선은 황해도 사리원 교사, 김신보는 평양 숭현여학교 교사로 부임하여 애국계몽운동에 앞장서기도 했지요.

항일비밀 결사 조직, 송죽회

1910년 한일강제병합 이후 일제는 식민 정책을 본격적으로 펼쳐 나갔습니다. 이에 숭의여학교 졸업생과 재학생들은 죽음을 무릅쓰고 나라를 위해 헌신할 동지들을 모아 항일비밀 결사 조직 송죽회(松竹會)를 결성했습니다. 숭의여학교를 거쳐 숭현여학교 교사로 재직 중이던 김경희를 주축으로 숭의여학교 교사 황에스더(황애덕), 졸업생 안정석 등이 조직의 중심이 되었지요. 송죽형제회, 송죽결사대로도 불렸던 이 모임 조직은 절개와 지조를 상징하는 소나무(松)와 대나무(竹)를 상징으로 삼았습니다. 소나무를 상징하는 송결사대와 대나무를 상징하는 죽결사대가 합쳐진 말로, 송결사대는 선배들이 중심이 되고 죽결사대는 추천을 받은 후배 회원들로 구성되었습니다. 송형제회로 불리기도 했던 송결사대는 나라를 위해 목숨을 바치겠다는 의미로 모일 때마다 사육신 성삼문의 시를 낭독하기도 했습니다.

이 몸이 죽어가서 무엇이 될꼬 하니

봉래산 제일봉에 낙락장송 되었다가

백설이 만건곤할 제 독야청정하리라.

일제는 오랫동안 이 조직을 파악하지 못했습니다. 그토록 철두철미하게 조선인을 감시하고 억압해 왔던 일제가 어떻게 모를 수 있었을까, 궁금하지요? 조직원들이 워낙 철저히 비밀주의 원칙을 지키며 활동했기 때문이었습니다. 지도급 인물의 경우 본명 대신 암호명을 사용했고, 생일잔치를 위장하여 구국 기도회를 가졌으며, 일제의 식민 지배에서 벗어나 정치적으로 독립하는 방안을 모색했습니다. 이들은 이문회, 유신회, 공주회, 기도 동지회 등 회마다 다른 명칭을 사용하면서 독립 자금을 마련해 만주 등지의 독립운동본부로 송금했습니다.

숭의여학교 교사들은 수업을 통해 학생들에게 애국·애족사상을 주입했습니다. 송죽결사대는 이 과정에서도 은밀히 활약했습니다. 민족의 주권 회복을 열망하던 여학생들은 명성황후가 시해되고 고종이 세상을 떠난 것을 계기로 일본에 대한 적개심을 더욱 키워 갔습니다. 1부에서도 잠깐 이야기했지만, 숭의여학교 교사와 학생들은 만세운동을 위해 3일 밤낮으로 정성을 다해 200여 개의 태극기를 제작했지요. 3월 1일 오후 1시경 길선주 목사가 독립선언서를 낭독하고 곽권응 목사가 대한독립만세를 선창하면서 만세시위를 시작했습니다. 숭의여학교 학생들은 지하실과 기숙사, 각자의 집에 숨겨 놓았던 태극기를 들고 나와 시위에 동참했습니다.

이처럼 송죽결사대는 경성과 평양에서의 3·1만세시위뿐 아니라 평남도청 폭발 지원 등 항일운동에 적극적으로 참여했습니다. 결사대 회원들은 3·1운동에 앞서 2·8독립선언의 주요 인물로 활약했습니다. 국내외 독립운동 자금 모금은 물론 임시정부를 비롯한 여러 부문에서 여성독립운동의 맥을 이끌었습니다.

평양을 떠나 더욱 간절하고 새롭게

송죽결사대와 숭의교우회는 같은 해 창설되었습니다. 숭의교우회는 지정학교 인가, 신사참배 거부 등 학교의 크고 작은 일을 주도했습니다. 당시 일제는 우리말을 배우고 쓰게 하는 일을 민족사상 고취 행위로 금했고, 일본어를 사용하지 않는 사람을 배일 사상자로 여겼습니다. 숭의여학교는 개교 당시부터 일제를 거부하고 일본인 교사를 받아들이지 않았습니다. 일어로 수업하지 않았고, 성경 과목 폐지를 반대하는 등 기독교 정신을 지켜 갔지요. 그러다 보니 사사건건 일제와 부딪힐 수밖에 없었습니다. 신사참배를 강요하는 등 일제가 갈수록 강한 압박을 주어도 이에 맞서 꿋꿋이 싸워 갔습니다.

그러나 일제는 숭의여학교를 지속적으로 괴롭혔고, 1938년 3월 15일 숭의여학교는 끝내 자진 폐교를 결정하고 맙니다. 개교 이후 35년간 이루어진 평양 숭의의 역사는 안타깝게 막을 내리게 되지요.

이렇게 비참하게 끝이 났구나 싶지만, 실은 끝이 아니라 또 다른 시작이었습니다. 무슨 말이냐고요? 숭의교우회는 이 과정 속에서 남몰래 '학교 살리기 운동'을 해 나갔거든요. 당시 회장은 송죽결사대의 3대 회장을 지낸 박현숙이었습니다. 독립운동가인 그는 4년 10개월 동안 세 차례에 걸쳐 옥고를 치렀습니다. 폐교 후 이 모임은 더욱 융화하고 단결하여 모교 재건의 의지를 가슴에 품고 월남하기로 결정합니다. 월남한 교우회 회원들은 피난 생활 속에서도 박현숙의 주도로 숭의재건위원회를 조직하여 중구 남산동에 '숭의여자중학' 간판을 걸고 1950년 4월 12일 재개교의 기쁨을 맞게 되지요. 서울 소재 숭의여자대학교 역사관에는 수많은 여성 지식인의 역사가 고스란히 담겨 있습니다. 그중 숭의가 배출한 여성독립운동가 권기옥이 남긴 말을 여기에 옮겨 봅니다.

> 저는 권기옥입니다. 금년 내 나이 80세가 되었고 금년부터 몸도 부자유스러워서 마음대로 행동할 수도 없을뿐더러 친자식도 없는 처지이므로 평소 내가 생각하던 여러 가지 문제를 여기에 기록으로 남기고자 하는 바이다. 일찍이 나는 평양 숭의여학교 재학 중에 독립운동을 전개하였고 3·1독립운동에 가담하여 왜경에게 체포되어 고생을 하다가 1920년 감시망을 뚫고 상해로 망명했으며 대한민국임시정부와 중국 요인의 추천을 받아 남경공군사관학교에 입교하고 (……)

숭의여학교가 배출한 이들은 항일저항정신과 의로움을 앞세워 한국여성의 변화를 주도했습니다. 그들은 사회 통념과 유리 천장을 뚫고 일어선 용기 있는 여성들이었습니다. 진리를 숭상하고 진실한 인재가 되고자 노력했던 이들을 통해 독립운동에는 남녀가 없음을, 불의에 저항하지 않는 것은 불의에 가담하는 것임을, 당대 여성의 목숨 건 저항과 도전을 통해 다시금 되새겨 봅니다.

송죽결사대

1910년 한일강제병합 이후 식민 정책이 본격적으로 펼쳐지자 숭의여학교 졸업생과 재학생들이 결성한 항일비밀 결사 조직입니다. 숭현여학교 교사 김경희를 주축으로 숭의여학교 교사 황에스더, 졸업생 안정석 등이 중심이 되었습니다. 송죽회, 송죽형제회, 송죽결사대로도 불렸던 이 모임은 조직된 후 5~6년간 독립자금을 모아 상해임시정부에 보냈습니다.

꿈을 품다, 신명여학교

Girls, Be ambitious!

청각 장애, 언어 장애, 시각 장애의 삼중고를 극복하며 많은 사람에게 감동을 안겨 준 헬렌 켈러(Helen Adams Keller)를 모르는 사람은 거의 없을 겁니다. 그는 평생을 장애인을 위해 바쳤다고 해도 과언이 아닐 거예요. 시각 장애인을 위한 제도를 마련하고자 애썼고 시각 장애인 기금의 모금운동을 벌이기도 했습니다. 뿐만 아니라 그는 여성인권 운동가이자 사회운동가였습니다. 여성의 참정권을 주장하였고, 사회의 모순과 문제점을 용기 있게 지적하고 비판했습니다. 미국자유인권협회를 설립하여 적극적인 사회 활동을 펼치기도 했습니다.

헬렌 켈러가 동아시아의 작은 나라 조선을 방문한 적이 있다는 사실을 알고 있나요? 나라 잃은 슬픔을 가진 소녀들에게 힘을 실어 준

일화는 크게 알려지지 않았습니다. 잠깐 그 이야기를 들려드릴게요. 헬렌 켈러는 1937년 6월 12일 대구의 신명여학교를 방문했답니다. 폴라드(Harriot E. Pollard) 교장 사택 옆 잔디밭에 앉은 167명의 여학생 앞에서 덤덤히 자신의 이야기를 전했습니다. “인간의 참된 행복은 마음의 눈, 마음의 귀에 있어요.”라고 말하며 “미래 한국의 역사를 짊어질 신명의 딸들이여, 꿈을 가지세요! 하늘로부터 받은 능력을 살려 아름다운 작품이 되세요.”라고 목소리를 높였습니다.

일제의 침략과 탄압으로 억눌리고 움츠려 있던 여학생들에게 희망의 불씨를 심어 준 헬렌 켈러의 연설은 조국의 독립을 열망해 온 이들에게 크나큰 용기를 주었습니다. 장애를 딛고 일어선 모습 그 자체만으로도 시대에 당당히 맞서라는 의미가 고스란히 전해졌을 테지요. 그럼, 신명여학교에 대해서도 좀 더 알아볼까요?

1902년, 선교사 마르타 스콧 브루언(Martha Scott Bruen, 한국명 부마태)이 남산동의 사택을 학교 건물로 삼아 여학교를 세운 것이 바로 신명여학교입니다. 폴라드 교장이 미국 북장로회에 조선의 선교 활동과 교육의 필요성을 호소하여 기부받은 재원으로 설립한 대구 지역 최초의 여성교육기관이었습니다. “정의는 국경과 감정을 초월한다. 그러한 이해를 넘어선 곳에서 의미가 드러나는 것이다.”라고 말했던 폴라드 교장의 뜻이 가슴 깊이 전해집니다.

영남 지역 3·1운동의 효시

서울에서 3·1운동 준비가 비밀리에 진행되고 있을 때였습니다. 대구 기독교계의 유지 이만집, 이상백, 백남채 등은 경상도의 연락 책임자 이갑성으로부터 독립만세운동 계획을 전해 듣고 의거를 전개하기로 결의했습니다(참고로 설명하자면 이갑성은 3·1운동 당시 태화관에서 낭독한 독립선언서에 서명한 '민족대표 33인' 가운데 한 사람입니다). 한편 신명여학교 교사 박봉선은 서울과 평양 등지에서 활약하는 여성들에 대해 전해 들었고, 또 다른 교사 이재인은 대구 지역 대구고등보통학교, 계성학교, 성경학교에 재학 중인 남녀 학생들과 함께 대구 의거를 상의하고 신명여학교의 여학생 동원을 책임질 대표로 졸업생 임봉선, 이선애를 모집했습니다. 임봉선과 이선애는 재학생 50여 명을 모아 태극기를 준비하게 하고, 일군 기마대와 경찰의 제지를 뚫어 가며 대한독립만세를 부르면서 대대적인 만세행렬을 이끌게 했습니다.

추애경, 최정술을 비롯한 일부 학생들은 대구 만세운동의 시발점인 큰 장터에서, 이영현을 비롯한 통학생들은 동산교 근처에서, 그리고 김학진을 비롯한 20여 명의 기숙사생은 약전 골목에서 천여 명의 대구 시민들과 합류하여 만세운동의 절정을 이루었습니다. 다급해진 일본 경찰은 헌병과 육군 병력을 동원하여 총칼로 학생들과 시위 군중들을 폭행했습니다. 사상자가 속출했고 157명에 이르는 사람들이 체포되었습니다. 이때 붙잡힌 학생들은 2주간 구류에 처했으며 이선애는 6개월, 이재인과 임봉선은 1년 징역형을 선고받았습니다. 이는 영남 지역 3·1운동의 효시가 되었습니다. 대구 시민들의 항일저항 의식은 날로 높아져 재의거를 위한 협의가 계속되었습니다. 일제는 학교에 휴교령을 내리고 더욱 삼엄한 경계를 펼쳤습니다. 그러나 학생들은 이에 굴하지 않고 지하로 숨어들어 만세운동을 계속 도모했습니다.

신명여학교 학생들이 선도한 대구 3·1만세운동은 국권 회복과 여권 신장을 목적으로 설립된 대한애국부인회와 조선여자기독청년회, 양지회, 성심회를 통해 꾸준히 계승되고 발전되었으며 광복의 밑거름이 되었습니다. 신명학교는 1972년 10월 교내 공원에 '신명 3·1운동 기념탑'을 세워 그 정신을 기리고 있습니다.

신명여학교

1902년 5월, 선교사 마르타 스콧 브루언 여사가 남산동의 사택을 학교 건물로 삼아 신명여자소학교를 설립 개교하였습니다. 신명여학교는 학제 개편으로 신명여자중학교와 신명여자고등학교로 분리되었습니다. 이후 신명여자중학교는 남산여고(현 남산고)를, 신명여자고등학교는 성명여자중학교를 신설하였습니다.

광주학생운동과 수피아여학교 백청단

전국적인 항일학생운동의 도화선이 되다

우리는 피 끓는 학생이다. 오직 바른 길만이 우리의 생명이다.

이 문구는 광주학생운동 기념탑에 적힌 글입니다. 광주학생독립운동은 일제강점기 최대 규모의 항일학생운동으로 1919년 3·1운동, 1926년 6·10만세운동과 함께 3대 독립운동 중 하나로 평가되지요. 이 운동은 1929년 10월 30일 나주역에서 발생한 한·일 학생 간의 갈등으로부터 시작되었습니다. 이 과정을 구체적으로 살펴볼까요? 나주역에 도착한 30여 명의 승객이 개찰구를 빠져나올 때 후쿠다 슈조를 비롯한 일본 학생들이 광주여자고등보통학교 여학생 박기옥, 이광춘, 암성금자 등을 희롱하며 밀칩니다. 이 장면을 목격한 박기옥의 사촌 동생

박준채가 이를 나무라면서 언쟁을 벌이고, 한국 학생들과 일본 학생들이 충돌하게 됩니다.

이 사건으로 인해 같은 해 11월 3일 광주에서 광주고등보통학교(줄여서 광주고보) 학생들을 중심으로 조직적인 1차 시위가 일어났습니다. 상급생이 선두가 되어 교가와 운동가를 부르면서 시가로 진출했습니다. 300여 명 정도의 학생들이 참여했고 광주농업학교 학생들도 합류했습니다. 그리고 11월 12일 2차 광주 시위, 11월 19일 3차 목포 시위로 이어졌습니다. 이처럼 시위가 확대될 수 있었던 것은 6·10만세운동 이후 비밀 결사 형태로 구성된 조직들이 학교 내에 존재했기 때문이었습니다.

이날의 일로 전남 지역의 일본인들은 큰 충격을 받았습니다. 일본인들은 주동자들의 처벌을 요구했고, 광주고보를 없애는 방안을 추진했습니다. 결국 광주고보생 300여 명이 무기정학을 받았고 시위 참여자 170여 명이 검거되거나 처벌을 받았습니다. 광주학생시위와 대규모 검거 사실은 언론을 통해 전국에 알려졌고, 서울을 비롯한 각 학교의 학생들과 사회단체가 관심을 보였습니다. 그리고 나서 전국적인 항일학생운동과 항일동맹휴학 전개의 도화선이 되었습니다. 당시 항일학생운동에 참여했던 학교 수는 소학교 54개교, 중학교 136개교, 전문학교 4개교였습니다. 참여자는 5만 4천 명이었으며, 이 중 피검자는 1648명, 무기정학 2330명, 퇴학 482명이었습니다.

수피아여학교의 비밀 결사대, 백청단

전남 지역의 3·1운동은 광주를 시작으로 담양, 곡성, 화순, 영광 등지로 확산되었는데 개신교의 역할이 무척 컸습니다. 미국 남장로교 선교사들은 광주에 숭일학교, 수피아여학교 등을 설립하여 선교 영역을 확대했습니다. 수피아여학교는 유진 벨(Eugene Bell, 한국명 배유지) 목사가 설립하여 개교한 학교입니다. 초대 교장에 그레이엄(Graham, E. I.)이 취임했고, 1911년 스턴스(Stearns, M. L.)가 여동생 제니 스피어(Jennie Speer)를 기념하기 위해 기금을 조성하여 3층짜리 교사(Speer Hall)를 건립하고 이때 교명을 수피아여학교로 공식적으로 이름 붙였습니다.

수피아여학교는 1919년 3·1만세운동에 적극적으로 참여하여 일제로부터 경계의 대상이 되었습니다. 1929년 학생독립운동사건이 일어난 다음 해인 1930년 2월, 수피아여학교 학생들은 '백의민족의 청년'이라는 뜻을 담은 비밀 결사대 백청단(白靑團)을 조직하게 됩니다. 이들은 아무 무늬가 없는 한 돈짜리 은반지를 왼쪽 가운뎃손가락에 끼는 것으로 회원임을 나타냈습니다. 항상 태극기를 지니고 다녔고, 조선민족의 문맹퇴치를 목표로 여인들에게 한글을 가르치고 태극기의 의미를 설명했습니다. 각 단원에게 삼십 전씩의 회비를 걷어 가정 형편이 어려워 취학하지 못하는 이들에게 학자금을 조달하기도 했습니다.

백청단은 임시정부가 독립운동 자금을 모으고 있다는 사실을 알고 난 뒤 자신들이 학교에서 배운 자수와 뜨개 작품, 콩나물을 판매하여 군자금을 대기로 결의했습니다. 조직과 강령을 만들어 상해임시정부의 김구 등과 비밀스럽게 연락을 주고받는 등 활발히 활동을 이어 갔습니다. 하지만 사상 혐의자를 수소문하기 위한 수사 과정에서 한 단원의 일기장이 발각되어 대다수 학생이 검거되고 맙니다. 결국 백청단을 이끈 조아라와 김수진은 한 달간의 옥고를 치렀습니다. 이 사건으로 수피아여학교는 무기 휴학에 들어갔습니다.

후회하지 않습니다

> 1929년 11월 광주학생사건에 참여한 직후 발족한 비밀 결사에 관련한 것이 적혀진 일기장이 발견되어 소위 '수피아 백청단 은지환 사건'의 주동자로 주목을 받았어. 이것 때문에 동료 18명이 연행 조사를 받았고 나는 1개월 후 석방과 함께 교직을 박탈당하고 요시찰 인물로 낙인찍히게 되었지.

백청단의 대표 조아라가 당시를 회상하며 남긴 말입니다. 백청단 활동은 조아라 외에도 많은 사람의 인생을 바꾸어 놓았습니다. 그들에게 독립운동을 후회하느냐고 묻는다면 뭐라고 답했을까요? 아마도 "절대 후회하지 않습니다."라고 말했을 것 같습니다.

1937년 중일전쟁이 일어나 시국이 긴박해지면서 조선총독부는 9월

6일을 자신들의 애국일로 정하고 각 학교로 하여금 신사참배 통첩을 내렸습니다. 그러나 수피아여학교는 일제의 신사참배를 거부하면서 자진 폐교 청원을 제출했습니다. 숭일, 영흥, 정명, 매산, 신흥, 기전, 영명학교 등 미국 남장로회 선교회 소속의 10개 학교가 모두 문을 닫기에 이르렀습니다.

수피아여학교는 1937년 폐교 직전 학생들이 옹기종기 모여 있는 모습을 사진으로 담았습니다. 사진 속 여학생들의 눈빛에는 시대를 강건히 견뎌 내는 희망과 의연함이 서려 있습니다. 그 절실하고 뜨거운 의지가 고스란히 전해져 오는 것만 같습니다.

수피아여학교

유진 벨 목사가 설립·개교한 학교입니다. 초대 교장에 그레이엄이 취임했고, 1911년 스턴스가 기금을 조성하여 3층짜리 건물 'Speer Hall'을 짓고 수피아여학교로 공식적으로 이름 붙였습니다. 수피아여학교는 광주 지역 3·1만세운동에 적극적으로 참여하였으며 1930년 2월, '백의민족의 청년'이라는 뜻을 담은 비밀결사대 백청단을 조직하여 활동했습니다.

선교사 전위렴과
기전여학교

무엇이 그들을 먼 타국으로 이끌었을까

한국여성독립운동의 발자취를 찾는 과정은, 현장과의 소통을 기반으로 역사의 조각을 맞추어 나가야 하는 분야입니다. 시대의 흐름과 인물, 사건의 연계성을 찾기 위해 사람을 만나고, 자료를 수집하는 과정이 있어야 조각처럼 흩어진 역사 조각을 맞출 수 있습니다. 전라도 전주에 갔을 때의 첫인상은 고풍스럽다는 느낌이었습니다. 오랜 역사의 흔적과 문화 흐름을 고스란히 품고 있는 도시였지요.

창밖으로 보이는 한옥 자락을 눈에 담으며 찾아간 곳은 '전주서문교회 100주년 기념박물관'이었습니다. 123주년을 훌쩍 넘긴 박물관에는 한국에서 순교한 외국인 선교사들의 사랑과 흔적이 있었습니다. 그들은 우리 역사의 중요한 한 페이지를 열어 가는 데 큰 역할을 했습니다. 국가와 지역을 넘나들었던 이들의 행적을 모두 알 수는 없지만 빛바랜 비석에서 그들의 흔적을 확인할 수 있었습니다. 타국에서 살아가던 이방인들이 철저하고 견고한 전통과 관습의 벽을 허물 수 있었던 것은 무엇이었을까요? 이들의 이름이 새겨져 있는 비석을 바라보고 있으니 가슴을 뭉클해졌습니다. 이들이 전하고자 했던 종교와 인간애, 그것은 진정 타인을 위한 배려와 사랑이 있었기에 가능했을 테지요.

전주 예수병원 의학박물관 뒷동산의 선교사 묘역에는 선교사 가족 비석들이 나란히 세워져 있습니다. 가족 비석에는 전위렴(선교사 전킨 Junkin merial), 부인 메리 레이먼, 그리고 아들의 이름이 새겨져 있습니다. 일가족이 일생을 우리나라에서 보내고 사랑으로 헌신했다는 사실에 숙연한 마음마저 들었지요. 상상만으로 이들의 치열했던 일생을 다 가늠할 수 없지만, 비석의 주인공인 선교사 전위렴과 그의 가족들이 전주에서 일생을 보냈다고 생각하니 가슴이 뜨거워졌습니다. 그들은 일제강점기 전주 지역 항일투쟁의 주역을 양산했던 교육기관을 설립하고 인재를 양성했습니다. 당시 선교사의 주요 활동 분야는 선교, 교육, 의료였습니다. 그중에서도 가장 중요한 것은 본격적으로 학교교육을 보급했다는 점입니다.

전라도 지역 최초의 여학교, 기전여학교

전주에 최초로 공립소학교가 설치된 것은 1897년이었습니다. 1900년에 이르러 미국 남장로 선교부가 교육사업을 본격적으로 시작하면서 근대여성교육기관인 기전여학교가 공식적인 설립을 알렸습니다. 기전여학교의 건물 입구에는 학교의 전통이 오래되었다는 것을 알 수 있는 옛 사진들이 나란히 걸려 있습니다.

기전여학교의 교명은 1대 교장인 전위렴 목사를 기념하기 위하여 '기전(記全)'으로 명명하였습니다. '기전'에는 전주의 벼리(으뜸)라는 뜻과 전위렴 목사를 기념한다는 뜻이 함축되어 있습니다. 1902년에 설립된 것으로 그동안 알려졌지만, 근래에 선교사들의 편지 자료를 통해 1900년에 설립된 것으로 재확인되어, 전라도 일대에서 개교한 첫 여학교로 확인되었습니다.

학교 설립은 선교사 테이트(Miss Mattie Tate)와 전위렴이 주도했습니다. 이들은 전주에서 계몽과 교육의 중요성을 강조하면서 선교의 길을 열었습니다. 시작은 기와집 한 채와 교과서뿐이었지요. 정식인가도 받지 않은 기독 학교로 시작했지만, 1909년에는 고등과 설치 인가를 받고 1회 졸업생 6명을 배출했습니다. 한일병합 이후 기전여학교는 민족정신을 고취시키는 민족교육기관으로, 여성의 주체성과 항일 의식을 고취시키는 장으로 전주 일대 민족운동의 선두에 섰습니다.

송죽회 비밀 단체에서 활약했던 박현숙이 기전여학교에 교사로 재직하면서 전주 지역의 공주회 조직에 기여했습니다. 학생들의 민족정신과 구국운동을 고취시켰던 기전여학교와 공주회 활동의 영향으로 임영신, 오자현, 송귀내, 유채봉, 오순애 등 기전학교 여학생들이 대활약했습니다. 3·1운동에서 자유와 독립을 외친 학생들의 목소리는 기전여학교에 묻혀 있는 전위렴의 자유, 평등, 사랑, 박애 정신과 함께 날아올랐을 것입니다. 일생을 대한민국에 헌신한 뜨거운 사랑 덕에, 교육의 기회조차 가지지 못했던 평범한 한국여성들이 지식인으로 거듭나고, 독립운동가로 재탄생했습니다.

기전여학교

1900년 여섯 명의 여학생을 교육하기 시작한 것이 공식적인 학교의 모태입니다. 1902년 미국 남장로교 전킨 목사가 여자청년학교를 설립했고, 1907년 9월에 전주기전여학교로 개칭되었습니다. 신사참배 거부로 1937년 10월 5일 자진 폐교하였다가 해방 이후 1946년 학교를 다시 열었고, 현재 '전주기전여자고등학교'로 전주 서부 신시가지에 있습니다.

3부

여성이라서 하지 못할 이유는 없다

한국여성독립운동의 발자취를 찾는 과정은,
현장과의 소통을 기반으로 조각처럼 흩어진 역사
조각을 맞추는 데 중점을 둡니다.

교과서 밖 유관순을 만나다

역사교육과 역사교과서가 중요한 이유

한 나라의 역사교과서에는 국민들의 역사관과 역사적 지향점이 드러납니다. 어떤 시각과 기준으로 과거를 바라볼 것인가, 그것을 어떻게 해석할 것인가, 어떤 가치를 부여할 것인가가 고스란히 반영되지요. 앞서 이야기했듯 역사는 과거와 현재의 대화라고 합니다. 그러나 과거는 이미 지나가 버리고 없으니 역사 연구의 소재가 되는 문헌이나 유물을 찾아내 질문을 하고, 답을 이끌어 내야 합니다. 그렇다면 역사교육은 왜 정치적 사안과 국제 관계에 민감한 것일까요?

이는 역사가 과거와 동일한 것이 아니기 때문입니다. 역사는 과거, 현재, 미래를 포괄합니다. 내가 살고 있는 이곳에서 지금 일어나는 일들을 직접 경험하며 그에 대한 문제의식을 가지고 그것을 해결하기 위해 노력하는 모든 과정이 역사라 할 수 있습니다. 다시 말해 역사란 과거의 어느 때에 일어난 사건이나 인물에 대한 탐구가 아니라, 어떤 사회가 공동으로 지향하는 가치관을 통해 모든 시점을 통합하고 조망하는 것이라 할 수 있습니다.

그렇기 때문에 많은 나라들이 역사 문제에 민감하게 반응하고 역사 교육을 중요시 여기며 올바른 역사 세우기에 목소리를 높입니다. 우리 사회를 뜨겁게 달구었던 국정 교과서 논쟁이나 한중일 3국 사이의 물밑 역사 전쟁을 생각해 볼까요? 일본만 하더라도 우리나라나 중국 등 주변국과의 마찰을 감수하고서라도 교과서에 동아시아 침략을 정당화하고 있습니다. 침략 국가들에게 행한 만행을 은폐하기 위해 역사교과서를 왜곡하려는 시도를 반복하고 있지요. 일본 정부는 이미 1982년, 2001년에도 역사교과서를 왜곡해서 동아시아 국가의 강력한 항의를 받았습니다. 이 중 1982년의 역사교과서 왜곡 문제는 우리나라를 격분하게 하여 독립기념관을 건립하는 계기가 되기도 했습니다.

달달 외워서 시험 보는 과목 이상의 의미로

다시 말하지만 역사는 한 시대에 머물러 있는 것이 아니라 시대의 창입니다. 그렇기 때문에 역사 문제는 항상 단순한 이슈를 넘어섭니다. 잘못된 역사관을 가지고 교과서를 기술하다 보면 객관성을 상실한 채로 사실을 왜곡하고 진실을 감추거나 덮어 버릴 가능성이 커집니다. 그러므로 역사 문제는 온 국민이 관심을 가져야 할 사안이며 다음 세대에 전달할 교과서 내용 선정과 서술 방식에 있어서는 더 면밀히 검토할 필요가 있습니다.

지금의 역사교과서는 각 시대의 흐름과 사건을 단순히 나열하여 담기도 벅차 보입니다. 그렇기 때문에 교과서를 통해 역사의 깊이를 읽어 내는 교육이 이루어질 거라고 기대하는 것은 어불성설입니다. 학교 수업이 입시만을 위한 수단으로 변질되면서 역사교과서는 민족정신이 담겨 있는 숭고한 것이 아닌 단순한 시험 과목으로 전락하고 말았습니다. 배우고 탐구하고 해석하며 본질을 알아 가야 하는 역사 과목 본연의 의미가 사라진 것입니다.

여성독립운동가에 대해서도 마찬가지입니다. 3·1만세운동을 주도한 것으로 알려진 유관순은 대한민국 국민이라면 모르는 사람이 없을 테지요. 그러나 우리 교과서에 기술된 내용만 가지고는 독립운동이 일어난 시대적 상황이나 활동의 폭과 깊이를 가늠하기가 어렵습니다. 유관순의 행동에 내재된 정신과 의지와 가치가 조명받지 못하는 것은 당연합니다. 이번 3부에서는 유관순을 비롯, 3·1운동에 몸담았던 여성독립운동가들을 살펴볼 텐데요. 그중에서도 학교에서 학생들과 함께 힘을 모은 교사들을 중심으로 이야기를 나누고자 합니다.

매봉산에서 높이 횃불을 들어 올리다

유관순은 충남 목천군 이동면 지령리(현 천안시 병천면 용두리)에서 아버지 유중권과 어머님 이소제의 3남 2녀 중 차녀로 태어났습니다. 유관순이 3·1만세운동을 상징하는 인물로 성장할 수 있었던 것은, 학교와 교회를 설립하여 일제에게 빼앗긴 국권 회복을 위해 애써 온 아버지의 영향이 컸습니다. 할아버지 때부터 독실한 기독교 신앙을 가졌고, 유관순 역시 어릴 때부터 지령리 교회에 다니면서 신앙을 키워 갔습니다.

이렇듯 유관순의 구국 의식을 이끌어 낸 배경에는 기독교와 선교사가 있었습니다. 어느 날 순회 전도를 하고자 지령리 교회를 찾은 공주 선교부 책임자이자 선교사였던 앨리스 제이 해먼드 샤프(Alise J. H. Sharp)의 눈에 띄어 유관순은 1915년경 이화학당 2학년에 교비 장학생으로 편입하게 되었습니다. 그는 이화학당에 다니면서 나라 사랑, 민족 사랑의 정신을 확고히 했습니다. 특히 이화학당 여학생 모임 이문회에서는 국내외 정세와 조국 광복에 관한 문제를 토의했습니다. 매일 오전 채플 시간에도 빠지지 않고 참석해 성경 공부에 애썼고, 조국의 해방을 위해 구국 기도를 올렸습니다.

유관순이 고등과 1학년에 진학하던 해에 3·1운동이 일어났습니다. 그는 친구들과 5인의 결사대를 조직하여 만세시위에 앞장서기로 했지만, 당시 교장이었던 프라이(Lulu E. Frey)가 교문을 잠그고 강하게 제지하여 그 약속을 실현할 수 없었습니다. 그러자 유관순은 학교 담을 뛰어넘어서라도 이곳을 나가겠다며 학교에 강력하게 항의를 했다고 합니다. 의로운 소녀 유관순은 그렇게 서울 시내의 시위운동에 합류하며 일제 저항의 대열에 들어섰습니다.

3·1운동 이후 일본 경찰의 경계는 더욱 삼엄해졌습니다. 유관순은 3월 5일에 일어난 학생단 시위에도 적극적으로 참여했다가 현장에서 체포되었습니다. 학교 당국은 당시 일제 경무총감부와 교섭하여 그를 석방시키게 됩니다. 이후 학교에는 갑작스러운 무기 휴교령이 내려졌습니다. 유관순은 고향 천안으로 돌아갈 수밖에 없었습니다. 하지만 천안은 서울과 달리 너무나 조용했습니다. 그는 가족들에게 서울 및 전국에서 일어나는 만세시위 사실을 자세히 알리고, 마을 사람들과 함께 시위에 사용할 태극기를 만들며 구국 의지를 다졌습니다.

유관순은 약 20여 일간 지령리 인근의 40여 마을을 돌며 유림 대표와 가문의 어르신들을 찾아뵙고 시위운동 동참을 설득하는 등 참여자 포섭에 적극 나섰습니다. 그리고 3월 31일 밤, 다음 날 거사가 있음을 알리기 위해 집 뒤 매봉산에 올라가 횃불을 높이 올렸습니다. 각 지역에서도 이에 호응하는 표시의 횃불을 밝혔습니다.

살아 있는 역사로 기억될 이름

드디어 4월 1일. 거사를 약속한 장날이 되었습니다. 약 3천 명의 장꾼이 병천 아우내 장터로 모여들었습니다. 오후 1시가 되자 유관순은 장터 한복판에 대형 태극기를 세우고 독립선언서를 낭독하며 선언식을 거행했습니다. 군중들은 나라를 되찾고자 하는 간절한 마음을 담아 대한독립만세를 외쳤습니다. 이를 본 일본 헌병들은 시위대를 제지했고, 총과 검으로 무자비하게 무력을 행사했습니다. 결국 유관순의 양친은 일제에 의해 목숨을 잃었고 유관순은 아우내 장터 만세시위 주도자로 지목되어 심문을 받았습니다.

유관순은 어린 나이에도 불구하고 그 모든 일은 자기가 다 주도했다며 다른 사람들을 보호했습니다. 일제는 그에게 가혹한 형벌을 가했습니다. 머리채를 끌고 다녔으며, 발길질을 하기도 했습니다. 결국 그는 공주지방법원 검사국으로 넘겨졌습니다. 일제의 잔혹한 탄압에 항의하며 죽기로 결심하고 만세시위 공모 행위에 대해서는 묵비권을 행사했습니다. 조국의 자유와 독립을 강력하게 부르짖은 끝에 징역 7년이라는 중형을 언도받았으나, 항소 끝에 3년형을 확정하고 서대문형무소에 수감되었습니다.

그의 수감 생활은 참혹했습니다. 시위 현장에서 입은 상처와 그간의 갖은 고문으로 온몸에 난 상처와 피고름, 자궁 파열이 겹쳐 큰 육체적 고통을 받았습니다. 그 가운데서도 3·1운동 1주년이 되던 1920년 3월

1일, 형무소 옥중에서 다시 만세운동을 주도하며 쉼 없이 대한독립만세를 외쳤습니다. 유관순은 날로 병약해졌습니다. 가혹한 일제의 고문과 구타로 인해 방광까지 파열됐습니다. 그러나 일제의 치료 거부와 방치로 인해 나날이 쇠약해지다가 1920년 9월 28일, 결국 감옥 안에서 순국했습니다.

유관순의 삶은 온전한 애국심으로, 뜨거운 나라 사랑 정신으로, 조국의 독립에 대한 염원으로 가득 채워져 있습니다. 우리가 기억하는 한 그는 살아 있는 역사로, 찬란히 빛나는 거대한 산봉우리로 영원히 자리할 것입니다.

유관순(1902~1920)

1902년에 태어났습니다. 선교사였던 앨리스 제이 해먼드 샤프의 눈에 띄어 1915년경 이화학당에 편입하였습니다. 그 후 조국의 해방을 위해 몸을 사리지 않고 항일운동에 합류하며 일제에 당당히 맞섰습니다. 아우내 장터 만세시위 주도자로 지목된 이후 수감되어 모진 고문을 받는 과정에서도 뜻을 지키고자 끝까지 노력했습니다.

영웅들의 스승
김란사

스스로 이끌어 낸 삶의 커다란 변화

영웅은 전설 속에서 찬양되는 특정한 인물이나, 일반인보다 뛰어난 재능과 힘과 용기를 소유한 이를 말하지요. 그들은 사회의 이상적 가치를 추구하거나 지혜와 용기가 뛰어나 대중을 이끌며, 대중으로부터 열광적인 사랑을 받습니다. 보통 사람은 할 수 없는 일들을 이룬 사람, 범접할 수 없는 투철하고 강인한 의지를 가진 사람, 어려운 여건 속에서도 끊임없이 투쟁하고 도전하여 목적을 이룬 사람을 우리는 영웅이라 합니다.

바로 앞에서 소개한 인물을 기억하지요? 3·1운동의 상징이 된 유관순. 그가 한국의 잔 다르크로 불릴 수 있던 이유 중 하나는 김란사라는 위대하고 훌륭한 스승에게 독립에 대한 강한 의지와 사상을 사사하였기 때문입니다.

김란사는 최초의 자비(自備) 유학생으로 미국에서 문학 박사 학위를 받고 돌아온 선도적 지식인이었습니다. 그런 그의 교육 과정에는 사실 우여곡절이 많았습니다. 아버지 김병훈과 어머니 이씨 부인 사이에서 태어나 성장한 김란사는 인천항의 통상 사무를 담당하던 감리서(監理署) 최고 책임자인 하상기와 혼인을 합니다. 그러고 나서 뒤늦게 교육열을 불태우게 되는데, 첫 관문이 이화학당 입학이었습니다. 당시 이화학당은 학칙에 따라 기혼자에 대한 교육을 금하고 있었습니다. 사정이 그러하니, 혼인을 한 김란사가 몇 번이고 입학 지원을 해도 그때마다 번번이 거절당하고 말았던 것이었지요.

그러던 어느 날 밤, 멋스럽게 차려입은 귀부인 김란사는 하녀들을 대동하고 이화학당 학장의 방을 두드렸습니다. 그는 방에 들어서자마자 손에 쥔 등불을 끄며 간청했습니다.

지금 내 속이 이렇게 캄캄합니다. 제게 지식의 등불을 밝혀 주십시오.

마침내 김란사는 입학을 허락받고 이화학당에서 수학하게 되었습니다. 이화학당에서 교육을 받은 김란사는 새 시대로 향하는 꿈과 의욕을 가지고 외국 유학의 길을 떠났습니다. 1896년 미국 오하이오주 웨슬리안 대학에 들어가 4년 만에 박사 학위를 받고 1900년에 귀국, 1906년부터 이화학당에서 학문을 가르치며 지도자로 활약하였습니다.

이화학당 입학뿐 아니라 미국 유학 역시 전적으로 김란사 자신의 의지에 의해 이루어졌다는 점에서 더 큰 의미를 지닙니다.

여성지식인의 선두에 서서

김란사의 선구자적 면모는 귀국 후 활동에서도 여실히 증명됩니다. 그는 자신이 배운 모든 것을 한국여성들을 위해 바쳤습니다. 이화학당의 기숙사 사감과 교감으로 일할 당시에는 엄한 호랑이 선생님으로 통했고, 교편을 잡고 "꺼진 등불에 불을 켜라." 외치며 여성 개화에 앞장서기도 했습니다. 우리나라가 일본의 지배하에 들어갔을 때는 독립운동에 매진했으며, 미국으로 가서 우리 교포들에게 애국심을 고취하는 순회강연을 통해 국권 회복에 힘썼습니다.

김란사는 여성지식인의 선두에 서 있었습니다. 능통한 외국어 실력으로 고종의 통역을 맡는 한편, 고종의 계비인 엄비와도 친교를 나누어 숙명여학교과 진명여학교을 개교하는 데 큰 영향을 끼쳤지요. 동시에 고종에게 근대교육의 중요성과 독립운동에 대한 의견도 건의하는 등 교육에 대한 열의를 보였습니다. 그는 왕실을 출입하며 독립운동가와도 긴밀하게 연락을 취하고 있었습니다.

을사보호조약 이후 고종은 일제의 만행을 만방에 호소하려 했습니다. 이 뜻을 받들어 상해임시정부로 망명하려던 의친왕을 일제는 강제로 귀환시켰습니다. 당시 김란사는 궁중의 패물을 군자금으로 전달받아 의친왕을 대신하여 파리강화회의 비밀 특사로 파견될 예정이었으나 갑자기 고종 승하 소식을 전해 받았습니다. 더욱이 고종이 독살을 당했다는 풍문이 일면서 우리 민족 전체는 슬픔에 잠겼습니다.

너무나 안타깝게 세상을 떠나게 되었지만

그때 김란사는 국내 실정을 해외 독립운동가들에게 알리기 위해 북경을 향해 떠났습니다. 국내 상황을 명확하게 전달하고 논의하기 위해서였지요. 하지만 얼마 뒤 김란사는 북경의 환영 만찬회에서 절명하고 말았습니다. 그가 세상을 떠났다는 소식이 국내로 전해지자 남편 하상기는 황급히 북경을 찾았습니다. 하상기를 맞이한 것은 까맣게 변해 있는 부인의 주검이었습니다. 아직도 김란사의 죽음에 관해 명확히 밝혀진 것은 없습니다. 조선총독부가 보낸 일본의 스파이에 의해 독이 든 음식을 먹고 목숨을 잃었다는 이야기가 유력하게 전해 오고 있습니다.

김란사의 안타까운 소식이 곧 이화학당에 전해졌습니다. 이화학당은 충격에 휩싸였습니다. 여학생들은 이화학당 안팎에서 비밀 회합을 연이어 열고 일제에 대한 저항심을 키웠습니다.

사감으로, 이문회 지도 교사로, 이화학당 대학과의 유일한 한국인

교사였던 김란사은 모두의 영웅이었습니다. 그는 존재 자체만으로 학생들에게 귀감이 되었습니다. 소통하는 스승이었기에 학생들에게 준 영향력은 더욱 컸을 거예요. 단순히 여성의 사회적 지위를 높이는 데 그치지 않고, 당시 위기 상황을 맞은 조선에서 여성이 할 수 있는 일이 무엇인지 고민하고 가르쳤던 그였습니다. 배움을 게을리하지 않았으며, 더 나아가 자주독립국가를 이루기 위해 여성도 항일운동에 매진해야 함을 주장했습니다. 정부는 1995년 김란사에게 건국훈장 애족장을 추서하여 그 뜻을 받들었습니다.

김란사(1872~1919)

김란사의 행적을 다룬 자료를 찾다 보면 '하란사'로 표기된 곳이 많다는 사실을 알 수 있습니다. 이는 당시 여성들이 남편의 성을 따라 이름을 새로 짓는 경우가 있었기 때문이었던 것으로 보입니다. 이화학당에서 교육을 받은 김란사는 이후 1896년 미국 오하이오주 웨슬리안 대학에서 박사 학위를 받고 1900년에 귀국, 1906년부터 이화학당에서 학문을 가르치며 지도자로 활발히 활약하였습니다.

신사참배에 맞선 교사 김두석

마산에 울려 퍼진 우렁찬 울음소리

1915년 11월 17일. 경남 마산시 성호동에 여자아이의 울음소리가 퍼졌습니다. 너무나 소리가 우렁차서, 동네 사람들이 대장부가 태어났다고 여겼을 정도였지요. 그 소리가 일제의 신사참배에 항거하는 당찬 목소리로 변할 것이라고는 아무도 생각하지 못했을 겁니다.

김두석은 기독교 신앙에 충실했던 아버지 김규태와 어머니 허영 사이에서 태어났습니다. 1899년 마산포(馬山浦)가 외국과 무역을 하도록 개방한 항구인 개항장이 되면서 마산은 상업과 유통의 중심지로 자리 잡았습니다. 각국의 영사관이 들어서고 외국인 거주지인 공동 조계(租界)가 들어서는 등 활발한 교류지로 탈바꿈했습니다. 삼랑진과 연결된 군용 철도의 개통으로 내륙과의 소통 또한 더욱 활발해졌지요. 이러한 지리적 특성으로 인해 마산은 문물 교류와 종교 유입, 한일 상권 경쟁 등으로 사회 변동에 민감한 지역이 되었습니다. 마산에서 3·1만세운동이 일어났을 때 김두석은 네 살이었습니다. 그는 자서전을 통해 자신이 목격한 장면을 이렇게 언급했습니다.

> 네 살 때의 일이 기억난다. 어린 나는 언니의 등에 업혀 시가지에 나갔다. 온 시내가 사람들의 아우성으로 들끓고 있었다. 하늘에 구름이 깔리듯 사람들의 울부짖음이 공중에 깔려 있었다. 대한독립만세! 나라를 잃은 슬픈 백성들의 절규가 무학산까지 메아리쳤다. 남녀노소 할 것 없이 많은 인파들이 손에 태극기를 들고 골목골목을 누비고 나와 큰길을 메우고 있었다.

우상 숭배 vs. 국가 의식

김두석은 영남 최초의 여성교육기관인 일신여학교에 진학하며 인생의 많은 변화를 경험했습니다. 졸업 후에는 고향인 마산으로 돌아와 의신여학교에서 교편을 잡았습니다. 당시 조선총독부는 황민화운동을 전개하여 집회 시마다 신사참배를 요구했고 천황의 궁성이 있는 동쪽을 향해 절하는 동방요배를 시행하는지 여부를 감시했습니다. 그 와중에 일제는 학교에서까지 신사참배를 하도록 강요했습니다. 당시 학교들은 기독교계 및 기독교 선교사에 의해 세워졌기 때문에 이를 완강히 반대했습니다. 그러나 일제는 신사참배가 단순한 국가 의식이며 우상 숭배가 아니라고 달래기도 하고 위협하기도 했습니다. 김두석은 자서전을 통해 당시 신사참배를 결코 용납할 수 없었다고 했습니다.

> 일본 역대 천황들도 인간일 뿐이지 그들이 신일 수 없다. 그런데도 총독 정치에서는 사람을 신으로 높이는 숭배 사상을 불어넣는 것이다. (……) 우상 숭배는 하나님의 계명 중 제1계명을 범하는 무서운 죄이다.

또한 김두석은 자신의 신념을 굽히지 않겠다는 의지와 다짐을 내비쳤습니다. 그로 인한 현실의 압박도 자서전에 남겼지요.

> 나는 신사참배를 하지 않았다. 물론 교회 안에서 하는 동방요배와 일장기 경례도 하지 않았다. 가정에 있는 사람 같으면 혼자 하지 않는 것으로 끝난다. 허나 나는 교사였다. 공직에 있으면서 국민의례에 참여하지 않는 것은 어려운 일이었고 힘든 일이었다. 나의 이 태도는 이미 경찰도 알고 있는 모양이었다.

일본 경찰은 김두석을 요주의 인물로 지목했고 신사참배를 거부할 때마다 경찰서로 연행했습니다. 일제의 계속된 강압과 끈질긴 강요 속에 김두석은 1939년 7월 20일 교사직에서 해임당하고 맙니다. 이후 그는 1940년 평양여자신학원에 입학하였고 같은 해 5월 17일부터 1941년 7월 30일까지 다시 신사참배를 거부합니다. 그러고는 일제의 식민지 정책에 반대하는 시위에 참여하게 되지요. 결국, 그는 1년여 동안 5회의 구금과 28일간의 수감 생활을 해야 했습니다.

석방 후 김두석은 마산으로 돌아왔지만 1942년 8월 신사참배 거부와 일본에 대한 비판 문제로 다시 붙잡혔습니다. 1944년 9월 12일 부산지방법원은 치안유지법 위반으로 그에게 징역 3년형을 선고했습니다. 그는 대구형무소에서 옥고를 치르던 중 1945년 8월 15일 해방과 함께 출옥했습니다. 단 한 순간도 신념을 굽히지 않고 '옳고 정당한 것이 무엇인가'에 대해 깊이 성찰했던 김두석은 1977년 대통령 표창을, 1990년에는 건국훈장 애족장을 추서받았습니다.

김두석(1915~2004)

1915년 마산에서 태어났습니다. 영남 최초의 여성교육기관인 부산 일신여학교에 진학하면서 인생의 많은 변화를 경험했습니다. 졸업 후 마산으로 돌아와 의신여학교에서 교편을 잡았습니다. 일제의 계속된 강압과 끈질긴 강요에도 신사참배를 거부하며 신념을 굽히지 않았고 식민지 정책에 반대하는 시위에 참여하는 등 적극적이고 용감하게 활동했습니다.

수피아여학교 교사
박애순

광주 지역 3·1만세운동

얼마 전, 스승과 제자가 함께했던 일제강점기 독립운동자료를 살펴보았는데, 눈에 띄는 이야기가 있었습니다. 광주 수피아여학교의 이야기였습니다. 1919년 3월 3일, 수피아여학교 교사 박애순은 학생들에게 『매일신보』의 기사를 읽어 주었는데, 내용은 아래와 같습니다.

> 만국 강화회의에서 우리나라도 독립이 승인되었으므로 각지에서 독립운동이 전개되고 있으니 우리들도 이 운동을 벌여 대한독립만세를 불러야 된다.

전국적으로 전개된 3·1만세운동의 물결이 전라도 광주에 도착한 것은 1919년 3월 6일이었습니다. 6일 저녁, 남궁혁 목사의 집에는 숭일학교 교사인 최병진과 수피아여학교 교사 박애순, 진신애 등 12명이 모여 있었습니다. 그들은 광주 지역의 독립운동에 대해 토론을 했고 3월 10일을 거사일로 정했습니다. 거사일이 정해지자 박애순은 학생들에게 소식을 전했습니다. 그날부터 수피아여학교 학생들은 홍순남, 박영자, 최경애, 양태원이 주축이 되어 모였고, 기숙사 지하실에서 몰래 태극기를 만들기 시작했습니다. 자정이 지나도록 학생들은 태극기를 계속 제작했습니다. 당시 태극기의 천은 고종 황제 장례에 입던 치마를 뜯어 만든 것으로 한 사람이 10개의 태극기를 제작했던 것으로 알려졌습니다.

3월 10일, 양림동 일대는 기독교인, 숭일, 수피아여학교 학생들이 광주천을 따라 이동하며 장터로 모여들었습니다. 대형 태극기를 앞세우며 행진을 하는 길에는 소식을 듣고 출동한 일본 기마 헌병대와 마주섰지만, 모든 사람들은 최남선이 지은 〈독립운동의 노래〉를 목이 터져라 불렀습니다. 거리 곳곳에 격문과 애국가, 독립운동가의 인쇄물이 흩날리기 시작했고 만세행렬을 저지하는 헌병대는 군중 속에 파고들었습니다. 순식간에 일본 경찰은 군중을 향해 무차별적인 구타와 폭행을 가했지만 저항의 행렬은 계속 이어졌습니다.

가슴에 태극기를 품고 거리에 서다

다시, 3월 10일의 역사적 장면을 찬찬히 되돌려 볼게요. 그날 아침 수피아여학교 교사 박애순은 홍순남, 박영자 학생에게 독립선언서 50부를 나누어 주면서 오후 2시 부동교 밑에 있는 큰 시장으로 모이라고 전했습니다. 오후 3시 30분이 되면 그곳에서 숭일학교와 농업학교, 수피아여학교, 일반 시민 등이 모여 독립선언서를 낭독한다는 소식도 함께 전했고요. 이 소식을 들은 수피아여학교의 학생들은 저마다 가슴에 태극기를 품은 채 광주 천변으로 뛰어 내려갔고, 모여 있는 사람들에게 태극기를 나누어 주며 만세를 부르자고 했습니다. 장터에는 천여 명의 학생과 시민들이 모여들었고, 그 자리에서 독립선언서가 낭독되었습니다. 모여 있던 사람들은 태극기를 높이 흔들며 광주 서문통, 충장로, 금남로 일대에서 대한독립만세를 한뜻으로 외쳤습니다.

일본 경찰은 총검을 들고 군중을 진압했습니다. 그때, 수피아여학교 학생들은 검은색 통치마를 둘러쓰고 태극기를 흔들고 있었습니다. 1919년 3월 11일 자로 발행된 『조선독립신문』에는 다음과 같이 당시 상황을 묘사하고 있습니다.

> 양 단체가 시장을 지나 성중을 향하여 풍우같이 달려드니 인산인해가 아닌가. 선머리는 숭일학교 학생단과 청년단이며 뒤에는 수피아 학생단이며 북문통으로 들어오는 것은 농학생 단체라, 우편국 앞 네거리에 여

러 단체가 폭주하여 우렁차게 부르는 형제의 만세성은 산천을 진동하니 초목 군생지물이라도 조선 강토에서 자랐으면 감흥을 받은 듯하며 연연한 목소리로 거품을 입에 물고 피가 끓게 부르는 자매의 만세성은 애원성이 완연하다.

3월 10일에 수많은 사람이 체포되고 구속되었고, 11일에는 23명이 구속되었으며 13일에 20명이 추가로 구속되었습니다. 수많은 애국지사의 구속 행렬은 줄을 이었습니다. 만세운동에 참여했던 수피아여학교의 교사와 여학생 23명도 함께 기소되었습니다. 22명은 4개월에서 1년 6개월의 징역형을 선고받았는데, 주모자로 최고형을 선고받은 이가 바로 1년 6개월형의 박애순과 10개월형을 받은 진신애였습니다.

독립을 절실하게 희망했기 때문에 그 운동에 참가했다. 나는 만세시위에 앞장섰다.

박애순은 공판 과정에서도 당당하게 자신이 만세시위를 주도했다고 말했습니다. 일본 경찰에 체포된 뒤, 모진 고문과 심문을 받으면서도 전혀 흐트러짐 없었던 박애순의 모습을 보았던 학생들은 조국의 건재함과 애국심을 진실 어린 모습으로 받아들였을 거예요. 박애순은 옥중에서도 매일 조국 광복을 위한 기도를 드리며 성경책을 손에서 놓지 않았다고 합니다. 그가 옥중에서 읽었던 낡은 성경책은 현재 독립기념관에 보관되어 있습니다.

진정한 교육의 의미를 되새겨 보다

진정한 애국심은 "가슴에 머금고 있는 것이 아니라 가슴을 통해 피어나는 것"이라며 그 뜻을 몸소 실천했던 박애순은 나라 사랑이 무엇인가를 확실하게 보여 준 인물입니다. 당시 3·1만세운동으로 수감된 수피아여학교 교사와 학생들은 다음과 같이 기록되었습니다.

강화선, 징역 4개월(2년간 집행유예)

고연홍, 징역 4개월(2년간 집행유예)

김덕순, 징역 4개월

김수향, 징역 4개월(2년간 집행유예)

김안순, 징역 4개월(수피아여학교 출신 간호부)

김양순, 징역 4개월(2년간 집행유예)

김필호, 징역 4개월

박성순, 징역 4개월

박영자, 징역 8개월

박애순 교사, 징역 1년 6개월

양태원, 징역 8개월(2년간 집행유예)

윤혈여, 징역 4개월

이나혈, 징역 4개월(2년간 집행유예)

이봉금, 징역 4개월(2년간 집행유예)

이태옥, 징역 4개월

임진실, 징역 4개월

조옥희, 징역 4개월

진신애 교사, 징역 10개월

최경애, 징역 8개월(2년간 집행유예)

하영자, 징역 4개월

홍순남, 징역 8개월

그로부터 오랜 시간이 흐른 지금, 수피아여학교의 교정에는 '광주 3·1만세운동 기념 동상'이 세워져 있습니다. 3·1운동에서 전교생의 활약과 옥고를 치른 이들을 기념하는 동상은 나라 사랑을 실천한 스승과 제자들, 그들의 기억입니다. 수피아여학교 교사와 학생의 항일 정신이 담긴 역사의 기억 속에서 참교육이 무엇인가, 의미를 더듬게 됩니다.

예로부터 스승의 그림자는 밟지 않는다는 말이 있습니다. 스승과 제자는 어렵고도 소중한 관계입니다. 스승의 의연한 눈빛에 제자의 순수함이 스며들고, 제자의 의로운 기상에 스승은 응원의 눈빛을 보낼 수 있는 관계. 그것이 스승과 제자의 참모습이겠지요.

하지만 근래의 참교육은 교육의 본질을 담아내기 어려울 정도로 냉정한 현실에 봉착하면서 그 뜻이 무색해졌습니다. 이기주의와 학벌주의, 입시 현실을 쫓아가는 현 세태의 흐름 속에 교권은 땅에 떨어졌고 학생들은 배움의 소중함과 감사의 눈빛을 찾기보다 입시와 성과에 매달리고 있습니다. 참교육의 근간인 인성교육의 중요성에 주목하자는 목소리가 드높아지고 있는 시점에서, 진정한 참교육이란 무엇인가를 지난 역사에서 찾아볼 수 있지 않을까요?

박애순(1896~1969)

수피아여학교 교사로 일하면서 제자들에게 독립에 대한 생각과 신념을 전하고 자립심과 애국심을 키워 갈 수 있도록 지도하였습니다. 3·1만세운동 때는 독립 선언서를 학생들에게 직접 나눠 주기도 했습니다. 주모자로 체포되어 1년 6개월의 최고형을 받았지만 그는 여전히 뜨겁고 절실한 마음으로 대한독립만세를 외쳤습니다.

시대의 동행자 황에스더

사람은 시대와 동행하며 살아간다

민족 지도자 백범 김구는 "나의 소원은 오직 대한의 독립이다. 그다음 소원은 우리나라 대한민국의 완전한 자주 독립이다."라는 어록을 남겼습니다. 도산 안창호는 "나는 밥을 먹어도 한국의 독립을 위해 먹고, 잠을 자도 한국의 독립을 위해 잔다."고 말했고요. 이들의 공통점은 모두 일제 치하에서 독립을 위해 치열하게 싸웠고, 목숨을 걸고 저항하며, 시대와 동행했던 인물이라는 것입니다.

우리는 일정한 곳을 향해 함께 길을 걸을 때 '동행(同行)'이라는 단어를 사용합니다. 그런데 동행의 의미는 어떤 관점에서 보는가 또는 어느 범주에 국한시키는가에 따라 해석이 달라질 수 있습니다. 누군가에게 동행의 대상은 가족이나 친구이고 또 다른 누구에게는 사회, 국가,

시대라는 거국적인 것이 될 수도 있습니다. 그렇기에 어떤 대상과 어느 시대에 살아가는가는 무척 중요한 문제입니다. 이는 지금도 마찬가지겠지요.

우리는 늘 역사를 만드는 이 시대와 동행하는지도 모르겠습니다. 나라를 잃고 꿈과 희망을 상실했을 때, 그 시대를 살았던 사람들도 상실의 시대와 동행해야만 했으니까요. 그 시대는 '조국 독립을 위한 길'이라는 굵직한 의미가 부여되었을 것입니다. 어떤 이는 독립운동을 이끌었던 지도자로, 또 다른 이는 그들과 함께하는 동행자로 섰을 거예요. 그들 모두에게는 조국 독립이라는 충분한 명분이 있었습니다. 지금 우리는 어떤 명분으로 시대와 동행하고 있는지, 다음 이야기를 들으며 함께 생각해 보지요.

배움을 향한 남다른 열정이 삶을 이끌다

여성독립운동가 황에스더는 황애덕 또는 황애시덕으로도 불렸습니다. 이는 세례명이기도 했습니다. 에스더를 한자로 표기하면 애시덕(愛施德) 또는 애덕(愛德)이었지요. 그는 1892년 4월 19일 평양 의성 출생으로 아버지 황석청과 어머니 홍유례의 1남 6녀 중 넷째로 태어났습니다. 황에스더의 어머니는 여섯째 딸 신덕을 낳고 사경을 헤맸는데, 그때 미국인 의사이자 선교사 홀(Hall, R. S.)이 출산을 도와준 인연으로 가족 모두 기독교 신자가 됩니다. 황에스더의 두 동생은 학교에 다녔지만, 그는 열 살이 넘도록 학교에 가지 못했습니다. 집안에서는 서둘러 혼인을 시키려 했지요. 하지만 기독교 교리를 체득하며 자란 황에스더에게는 혼인보다 교육의 기회를 얻는 것이 더욱 중요했습니다. 황에스더는 아버지께 학교에 보내 달라고 단식 투쟁을 하며 고집을 피웠습니다.

저는 좀 더 공부하여 나라의 일을 해야 하니 혼인할 수 없습니다.

황에스더는 자신의 의사를 단호히 밝히며 배움에 대한 남다른 열정을 품었습니다. 마침내 그는 1907년 5월 평양 정진소학교에 상급반으로 편입학했고, 우등으로 졸업하게 됩니다. 감리교회와 남다른 인연을 가졌던 어머니와 선교사 홀의 도움으로 황에스더는 소학교를 졸업한 뒤 이화학당 고등과에 진학했습니다. 그곳에서 신마실라, 박인덕, 신준려 등의 학우들을 만나게 되고 동문들과 뜻을 모아 '애국여성동지회'를 결성하기도 했습니다.

황에스더가 독립운동에 관심을 두게 된 것은 가정환경의 영향이 컸습니다. 오랫동안 선교 활동을 했던 어머니의 영향으로 황에스더 집안은 해외 선교사뿐 아니라 안창호, 조만식 등 수많은 독립운동가와 교류해 왔습니다. 그들을 통해 민족이 처한 현실을 들으며 성장했기 때문에 누구보다도 시대가 변화하는 흐름을 빨리 파악할 수 있었지요.

더욱이 외국인 선교사를 통해 인간을 존중하는 기독교 정신을 수용하면서 남녀동권 의식도 가지게 됩니다.

이화학당을 졸업한 후에는 고향 평양의 숭의여학교 교사로 부임하여 민족정신을 북돋우는 교육활동을 시작했습니다. 동료 교사인 김경희, 교회 친구 안정석과 함께 시국을 논의하기 위해 송죽회를 조직했는데 앞에서도 다루었듯, 이는 전국적인 여성 비밀 결사대의 시초가 되었지요. 이 모임에서는 애국 사상이 깊은 학생들을 엄선하여 정신 교육을 강화하는 활동을 지속했습니다. 그리고 송죽회의 자회(子會) 설립을 지도하면서 학생들의 독립 의식을 고취시키는 데도 앞장섰습니다.

여성의 권리와 자존감을 일으켜 세우다

숭의여학교에서 황에스더는 짧은 저고리에 가죽 구두와 시계를 착용하고 수학을 가르치는 멋진 교사였습니다. 동시에 여학생의 자존감을 일깨우며 송죽회 활동을 소리 없이 함께했습니다. 송죽회의 규모가 커지면서 지방 부인회를 흡수·통합하여 '대한민국애국부인회'가 발족되었는데, 당시 그는 여성단체를 일으켜 세운 핵심 구성원이었다고 볼 수 있습니다.

1918년 선교사 홀의 권유로 동경여자의학전문학교에 입학한 뒤에도 황에스더는 현덕신, 송복신, 정자영 등과 의기투합하여 학흥회를 조직했습니다. 일본을 배척하는 배일사상을 북돋우며 애국심을 높이는 활동에 나섰습니다. 유학 중에는 조선여자기독교청년연합회 위원장으로 활동하면서 독립운동의 절실함을 외치는 강연으로 대중의 공감을 얻기도 했습니다. 1919년 2월 6일의 동경유학생회에서 "남녀는 두 개의 수레바퀴와 같이 독립운동에 참여해야 하고 여성도 참여하여야 할 의무가 있다."고 열변을 토하면서 여성 참여의 중요성을 강조했지요.

1919년 2월 8일, 동경에서 2·8독립선언서가 낭독된 자리에서 황에스더는 김마리아, 현덕신, 정자영, 유영준, 나혜석, 노영근, 성목진 등과 함께 목소리를 높였습니다. 귀국한 뒤에도 그는 조국 독립을 향한 활동을 멈추지 않았습니다. 3·1만세운동에서 만세시위에 참여하다가 일본 경찰에 의해 체포되어 옥고를 치렀고, 출옥한 뒤에도 김마리아와 이성완, 박인덕, 김태복, 성경애 등 정신여학교 졸업생들과 일본의 감시를 피해 독립운동 자금을 모금하며 임시정부에 송금하는 등 활발한 활동으로 일제의 주요 감시 대상자가 되었습니다. 일본 경찰에 의해 애국부인회 임원이 모두 검거되었을 때, 그도 다시 투옥되었습니다.

황에스더는 늘 편견에 맞서며 조국 독립을 위한 길이 무엇인가를 고민했습니다. 결연한 의지로 한국여성의 역할에 대해 거침없이 목소리를 내며 3·1만세운동, 애국부인회에 이어 파리강화회의에 이르기까지 독립운동의 일선에서 주목받았습니다. 일제에 의해 잦은 옥고를 치르던 황에스더는 선교사의 권유로 미국 컬럼비아대학교 교육학 석사 과정 유학길에 오르게 됩니다.

조국을 위한 새로운 고민

미국 유학은 황에스더의 인생에서 새로운 전환점이 되었습니다. 서구 문화와 선진화된 기술을 배우는 기회를 통해 조국의 경제 성장과 국가 발전에 대해 새로운 고민을 시작했습니다. 귀국 후 황에스더는 협성신학교 교수로 봉직하면서 한국적 농촌사업과 지도자 양성 등 한국적 농촌운동에 적극적으로 나섰습니다. 국가가 부강하기 위해서는 농촌과 여성의 변화가 중요하다고 생각한 것이지요. 한국적인 농촌운동 전개와 농촌지도자 양성에 대해 열의를 쏟았는데, 이는 광복 이후에도 농촌계몽운동과 구호사업으로 이어졌습니다.

1932년 12월 황에스더는 박인덕, 정현숙과 함께 '조선직업부인협회'를 개편하면서 문맹 퇴치, 의식 개혁, 계몽운동의 일선에 나서게 됩니다. 그의 활동은 근대에서 현대로 전개되는 시대의 흐름에 따라 계속되었습니다. 광복 이후 남북의 이념적 대립과 그 여파가 한국전쟁으로 이어지자, 황에스더는 피폐해진 조국을 재건하는 데 다시 힘을 보탰습니다. 전쟁고아와 여성의 자립을 위한 기술교육을 위해 한미종합고등기술학교를 설립하면서 이사장으로 취임하였습니다. 이는 지금의 경민대학교 전신으로 우리나라 기술교육 1호 학교였습니다. 한계에 당당해 맞서며 조국의 자유와 평화를 회복하기 위해 노력했던 황에스더야말로 진정 시대와 동행한 진취적인 여성이 아니었을까요?

황에스더(1892~1970)

1892년 평양에서 태어난 황에스더는 황애덕 또는 황애시덕이라고 불렸습니다. 그가 독립운동에 관심을 두게 된 것은 오랫동안 선교 활동을 했던 가정환경의 영향이 컸습니다. 일제의 탄압으로 얼룩진 조국을 일으켜 세우는 데 늘 고군분투한 여성독립운동가였습니다. 광복 이후 남북의 이념 대립이 한국전쟁으로 이어지자, 조국을 재건하는 데 정성을 다해 애썼습니다.

애국계몽운동 실천가
최정숙

세상을 향한 제주 여성의 목소리

'삼다도(三多島)'라는 말을 들어 본 적이 있지요? 네, 바로 제주도를 일컫는 말이지요. 예로부터 제주도는 돌, 여자, 바람이 많아서 삼다도로 알려져 있습니다. 침략과 저항, 항쟁으로 얼룩진 역사의 기록을 고스란히 안고 있는 곳이기도 하지요.

역사적으로 제주는 동북아시아를 잇는 전략적 요충지로 주변 국가로부터 관심이 높았을 뿐 아니라 잦은 외침이 있는 지역이었습니다. 고려 시대에는 몽고의 침략으로 총관부 산하에서 100년간 식민 통치를 받으며 외세의 탄압을 견뎌 왔고, 국권이 상실된 이후 일제로부터 갖은 수탈과 침탈을 감내해야 했습니다. 천혜의 자연 환경은 풍부한 해양 자원을 제공했지만 일본 어선의 출현으로 인해 어장의 어획물을 강제로 약탈당하기 일쑤였습니다. 외부의 숱한 침입과 괴롭힘에 굴하지 않고 제주가 굳건히 일어설 수 있었던 저력은 어디에 있을까요? 지금부터 그 답을 함께 찾아볼까 합니다.

1932년 1월 7일, 세화리 장터에서는 민중운동적 성격을 가지는 해녀단체의 항일투쟁이 있었습니다. 우리나라 최초의 여성단체 항일운동인 제주해녀 항일운동이 시대의 저항을 표면화한 제주여성의 소리였다면, 여성지식인의 소리는 제주 신여성의 활동에 담겨 있습니다. 그중에서도 제주 신여성의 진취적 모습을 대변하는 인물인 강평국, 최정숙, 고수선은 독립운동가로 활동하는 것은 물론 해방 이후 의사, 교사, 정치인, 교육감 등으로 활약했습니다. 김옥련, 부덕량, 부춘화(해녀항일운동)와 고수선(임시정부활동), 최정숙(3·1운동) 등의 제주여성은 국가로부터 여성독립운동가로서 서훈을 받았습니다. 여기에서는 최정숙의 삶에 대해 좀 더 자세히 알아보도록 하지요.

도전과 개척 정신으로 일군 뜨거운 생애

최정숙은 제주지방법원 초대 법원장을 지낸 아버지 최원순과 어머니 박효원의 6남매 중 맏딸로 태어났습니다. 일찍부터 남다른 배움의 열정을 가졌던 그는 1907년 제주 최초의 여학교인 신성여학교에서 공부한 뒤, 서울 진명여고에 이어 경성 관립여자고등보통학교를 졸업했습니다. 그 과정에서 3·1만세운동이 일어났습니다. 3·1만세시위 현장에서 만세시위를 주도한 인물로 일본 경찰에 잡힌 최정숙은 숱한 고문과 매질을 당하며 유관순과 함께 서대문형무소에 수감되었습니다. 또한 '79소녀결사대'의 주모자로 지목되어 징역형을 선고받는 등 일제로부터 온갖 고문과 고초를 겪어야 했습니다.

서대문형무소 수감 기간 동안 최정숙은 사상범으로 분류되어 일체의 면회도 허락되지 않았습니다. 차마 말로 표현할 수 없는 갖은 고문에 시달리던 어느 날, 갑자기 어느 감방에서 대한독립만세를 외치는 소녀의 음성을 듣습니다. 그 소리를 들은 형무소 내 어린 소녀들은 다 함께 만세를 외치기 시작했습니다. 순식간에 형무소 안이 만세 소리로 가득 찼습니다. 깜짝 놀란 간수들은 이를 저지하며 소녀들에게 방망이질을 했습니다. 이쯤 되면 독자 여러분도 짐작하셨을까요? 그렇습니다, 감옥 안에서 대한독립만세를 당당히 외친 소녀는 유관순이었습니다. 만세 소동이 끝나자 간수들은 형무소에 갇혀 있는 애국지사들을 고문했습니다.

형무소에 들어간 지 8개월이 지나서야 최정숙은 한 통의 편지를 건네받았습니다. 진명여고 교장 선생님께서 보낸 것이었습니다. '너를 석방하기 위해 여러 가지 방법으로 애쓰고 있으니 건강하게 지내고 있으라.'는 내용이었지요. 끔찍한 고문을 가까스로 견뎌 낸 최정숙은 감옥을 나온 뒤, 고문 후유증에 시달렸습니다. 복막염과 복막 협착으로 인해 그의 건강은 쉽게 회복되지 않았습니다.

일제의 감시와 탄압이 심해지자, 최정숙은 제주로 복귀하여 지역 내 엘리트 대열에서 신진교육을 전파하였습니다. 여수원과 명신학교를 설립하는 일련의 활동을 통해 제주여성 계몽과 민족교육기관 강립에 집중했습니다.

나눔을 실천하며 헌신적인 사랑을 베풀다

당시 제주도는 부족한 인력과 약품으로 많은 사람이 제대로 치료를 받지 못하고 고통을 겪었습니다. 그래서 최정숙은 38세라는 적지 않은 나이로 경성여자의과전문학교 입학에 도전하게 됩니다. 학교를 졸업하고 의사 면허를 취득한 최정숙은 제주에서 극빈 환자들을 위한 정화의원을 개원하여 봉사활동에도 힘썼습니다. 섬이라는 지역 특성상 어려움을 겪어야 했던 제주의 상황을 보며 최정숙은 도전을 선택했고 극빈자들을 돌보는 병원을 개원했습니다.

일제에 의해 폐교된 신성여학교를 바라보며 그는 1922년 여수원 야학교, 사립명신학교를 설립했습니다. 1953년에 이르러 최정숙은 모교인 신성여자고등학교의 초대 교장으로 부임했는데, 올바른 교육의 뜻을 펼치기 위해 무보수 교장을 자처하며 나라 사랑과 나눔의 의미를 실천했습니다. 제주 신성여고 100주년 기념관에는 최정숙의 활동과 삶의 궤적이 남아 있습니다. 이 기념관은 시민과 학교 동문, 선생님들에 의해 건립된 제주의 소중한 자산입니다.

최정숙은 여성문맹퇴치와 애국계몽활동을 추구하며 민족과 근대, 여성, 저항의 교집합을 현실화하는 데 주력했습니다. 최정숙이 나라 사랑과 교육, 나눔을 실천한 인물로 인정받게 된 것은 1964년 제주도 초대 교육감으로 선출되고부터였습니다. 우리나라 최초의 여성교육감이 제주에서 탄생했다는 사실은 놀라운 일입니다. 최정숙의 치열하고도 뜨거운 행적을 되짚으며, 제주여성의 강인한 정신력과 나라 사랑, 나아가 한국여성의 진취적인 면면을 마음에 새깁니다.

최정숙(1902~1977)

1907년 제주 최초의 여학교인 신성여학교에서 공부한 뒤, 서울 진명여고에 이어 경성관립여고보를 졸업했습니다. 3·1만세시위를 주도한 인물로 일본 경찰에 잡혀 유관순과 함께 서대문형무소에 수감되기도 하였습니다. 그는 문맹퇴치를 위한 여성교육과 애국 활동을 추구하며 민족과 근대, 여성, 저항의 교집합을 현실화하는 데 주력했습니다.

4부

나 스스로 읽고, 익히고, 말하리라

대한독립만세. 이 여섯 글자는 결코 단순하지
않았습니다. 시대의 경계를 허물고 억압의 틀을
넘어설 수 있는 위력을 가진 단어였습니다.

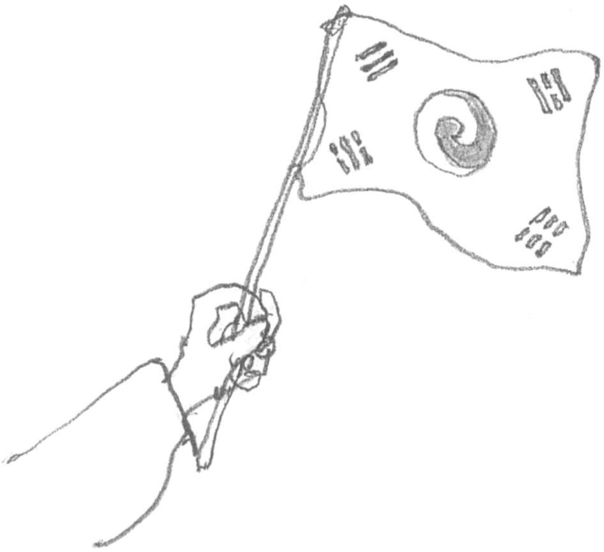

윤희순,
조국을 가슴에 담다

우리나라 최초의 여성의병장

> 우리가 이역만리 타국에 와서 살더라도 광복이 오기를 기다렸다가 우리나라 고향 선영 근처에 가서 살라고 당부하시고 중국인과 여러 선비와 조선 사람이 많이 모여 큰 뜻을 이루려고 운동을 각처에서 하시더니 뜻을 못 이루고 73세에 별세를 하시니 만리 타국에서 얼만 서러웠는지 말로 다 어이하리오.

위의 글은 「해평윤씨 일생록」에 윤희순이 유홍석과의 일화를 남긴 기록의 일부입니다. 국내에서 25년 동안 의병운동을 하고 중국으로 망명하여 15년 동안 독립운동을 했던 윤희순. 그의 일생에서 가장 힘든 시기는 시백부이자 의병부대 13도 도총재였던 의암 유인석과 시아버지 유홍석이 세상을 떠났을 때였습니다.

1910년 8월 29일 국권이 상실되자, 국내에서 의병운동을 하기는 힘든 상황이었습니다. 많은 독립운동가가 독립운동기지의 해외 건설과 독립 근거지 확보를 위해 해외로 이주하기 시작했습니다. 만주, 간도, 러시아, 연해주로 이주하는 과정에도 일제는 독립운동가를 색출하는 데 혈안이 되어, 그들을 체포하여 투옥시켰습니다. 거침없이 항전을 거듭한 의병운동을 보며 독립운동가의 국내외 활동을 심각하게 우려하던 때였기 때문이지요.

1894년 갑오농민전쟁에 이어 1895년 명성황후 시해 사건, 단발령 강행은 전국적으로 민중의 저항을 불러일으켰습니다. 부당한 침략과 기울어져 가는 국가를 보며 민중은 저항하기 시작했습니다. 특히 을미사변은 을미의병으로 의기(義氣)가 발동되어 전국적인 저항으로 확산되었고, 정미의병에서 다시 전국적인 구국운동으로 전개되었습니다.

그런 국내 의병운동 과정에서 우리나라 최초의 여성의병장이 등장했다는 것은 놀라운 사실입니다. 한말 최초 여성의병장 윤희순. 그는 40여 년간 치열하게 구국운동을 전개한 대표적인 여성입니다. 윤희순은 전통적인 유교 집안에서 성장하여 의병장, 독립운동가로 점차 그 활동 영역을 넓혀 나갔습니다. 혼인하여 강원도 춘천으로 온 뒤 시백부 유인석, 시아버지 유홍석, 남편 유제원과 더불어 4대에 걸쳐 민족독립정신을 계승하며 집안의 대들보 역할을 자처했습니다. 을미의병에서는 의병활동을 돕고, 의병 가사 제작과 배포 등 항일 의식을 고취시키는 데 앞장섰습니다.

특히 '조선 선비의 아내'로 이름을 당당하게 밝히며 일본대장에게 격문 「왜놈대장 보거라」를 지어 보낸 일화는 많은 이들에게 놀라움을 자아냈습니다. 정미의병에서 윤희순은 더 적극적으로 활동합니다. 「의병 군가」 「병정가」 「오랑캐들아 경고한다」 등 항일 의식을 고취시키는 의병 가사를 배포하였고, 춘천 가정리 여성 30여 명으로 구성된 '안사람 의병단'을 조직하여 여성의병활동을 이끌었습니다.

뒷바라지가 아니라 함께 활동하는 참여자로

윤희순의 많은 업적 중에서 의병 가사를 제작, 배포한 활동은 특히 중요한 의미를 가집니다. 의병활동을 하는 의병에게는 의병 군가, 여성에게는 안사람 의병가, 일본대장에게는 항의 격문을 보내는 등 대상에 따라 내용을 달리했습니다. 의병 가사, 서간문, 일생록 등 그가 남긴 16편의 기록에는 당시 시대 상황을 바라본 여성의 시각이 담겨져 있습니다. 특히 여성들의 의병활동 참여를 독려한 「안사람 의병가」는 그 시대를 살아가는 여성들에게 의병활동의 정당성을 쉽게 설명하고, 여성이 해야 할 역할이 무엇인가를 알려 주었습니다. 함께 노랫말을 살펴보도록 하지요.

아무리 여자인들 나라 사랑 모를쏘냐. 아무리 남녀가 유별한들 나라 없이 소용 있나. 우리도 의병하러 나가보세. 의병대를 도와주세. 금수에게 붙잡히면 왜놈시정 받들쏘냐. 우리 의병 도와주세. 우리나라 성공하면 우리나라 만세로다. 우리 안사람 만만세로다.

치열한 투쟁이 이어졌던 정미의병(1907~1910)에서는 14만 2천여 명이 일제에 저항하며 목숨을 바쳤습니다. 오랜 기간 항전을 거듭하는 과정에서 의병 부대의 무기는 부족했고 군사 훈련 환경은 열악했습니다. 시간이 지날수록 군사 전략과 지휘 체계는 흐트러질 수밖에 없었지요. 그러자 일본은 초토 전술과 살육 전술을 병행하며 의병 색출 작전을 감행했습니다. 더 이상 국내에서 의병투쟁이 불가능해지자, 의병장들은 소규모 부대를 이끌고 국외로 망명하여 독립군을 편성하기에 이르렀습니다. 국내 의병투쟁에 이어 국외 독립군으로 전환했을 시기에 많은 의병과 독립운동가가 망명을 했습니다.

윤희순 일가를 비롯하여 고흥유 가족과 친척, 유인석의 가족, 제자, 문인, 친지 등 40~50가구가 중국으로 망명했습니다. 이들은 중국 흥경현의 서남쪽 평정산 자락에 있는 난천자 마을을 개척했습니다. 돌무더기가 쌓인 황무지를 개간하고 정착하여 조선인 마을을 만들었는데 중국인들은 이곳을 고려구라고 불렀습니다. 그곳에서 의병운동을 재기하고자 하나둘 준비를 해 나갔습니다.

인재를 양성하려면 학교가 있어야 한다

1910년 이후 국내에서는 근대 지향적 교육과 사립학교 설립 운동이 본격화되었습니다. 그리고 그 영향은 간도 지역을 비롯하여 만주 일대에도 영향을 주었습니다. 윤희순은 시백부 유인석의 장례에서 만난 독립운동가들과 뜻을 같이 모아 서간도 환인현에 노학당을 건립했습니다. 노학당은 교실, 운동장, 식당, 기숙사 등을 갖추고 인재 양성을 위한 체계를 갖추기 시작했습니다.

윤희순은 노학당의 창립 목적을 '문화 지식이 있고 애국 정신으로 국권 회복을 위해 목숨 바쳐 싸울 수 있는 항일 인재의 양성'에 두고 항일, 애국, 분발, 향상을 학교 정신으로 세웠습니다. 학교에서는 주6일간 토요일(3시간 수업)을 제외하고 하루 5시간씩 수업을 했습니다. 역사, 국어, 수신, 한문, 작문, 지리, 습자, 이과, 산술, 창가, 도화 등을 교과목으로 했는데, 인근 동창학교 교사들이 지도를 하러 왔으며 학교 교재도 조달해서 썼습니다.

박은식과 신채호 등 역사학자들도 단군 정신과 민족 문화 등을 가르치러 왔습니다. 인재 양성에 힘을 쏟은 결과 노학당에서는 50여 명의 항일 인재가 양성되어 독립운동에서 중요한 역할을 담당했습니다. 일제의 탄압 정책에 의해 노학당은 결국 폐교했지만 당시 중국인들은 윤희순과 이 학교에 대해 이렇게 언급하였습니다.

노학당의 윤교장이라는 조선여성이 가끔 오는데 반일 선전도 하고 친히 작사 작곡한 애국노래를 배워 준다고 조선인들이 자랑스럽게 말하는 것을 들었다. 윤교장이 배워 준 반일, 애국노래는 힘과 용기를 주었다. 내가 기억하기에는 〈아리랑〉이라는 노래를 자주 듣곤 했다.

천 번을 넘어 만 번을 일어서리라

노학당 폐교 이후 일본의 조선인 토벌 정책은 본격화되었습니다. 이에 독립운동가들도 애국계몽운동과 무장투쟁활동을 강화하며 일본에 맞섰습니다. 윤희순도 흩어져 있는 의병 가족을 규합하여 조선독립단과 가족 부대를 조직하며 한중 연합의 중요성을 강조했습니다. 윤희순의 아들, 유돈상도 중국과 연합활동에 참여하여 부대장으로 활동했지요. 그는 중국인들에게 의병 가사를 보급하고 항일 의식을 고취시키는데 앞장섰습니다. 중국인들을 대상으로 연합활동을 해야 한다고 강조한 연설은 중국인들의 가슴을 울리기도 했습니다. 잠깐 그 연설을 들어 볼까요?

천 번을 넘어 만 번을 일어서겠습니다. 한민족의 원수를 갚고, 우리 가족의 원수를 갚고, 한국의 국권을 찾기 위해 지금 우리는 목숨을 내걸고 싸우겠습니다.

윤희순의 비장한 연설은 조선인은 물론 중국인의 마음을 움직였습니다. 그렇게 윤희순은 국내 의병운동 25년과 국외 독립운동 15년, 총 40여 년간 독립운동에 투신했습니다. 그의 일생은 비장한 각오와 담대함으로 채워졌고, 독립만이 우리 민족이 나아가야 할 길이라고 여겼습니다. 윤희순과 같은 수많은 한국여성들이 국내에서 또는 국외에서 독립운동의 일선에 섰습니다.

나라를 되찾기 위해 한마음으로 고군분투했던 이들을 보며 오늘날 우리 모습을 반성하게 됩니다. 솔선수범이라는 단어가 상실되고 이기주의가 만연해 있는 것은 아닌가 싶어서입니다. 윤희순의 생애를 통해 진정한 한국여성 정신과 지도자의 의미를 깨달아 갑니다.

윤희순(1860~1935)

유학자 집안에서 태어난 윤희순은 초기 을미의병부터 후기 정미의병 때까지 의병운동에 참여했던 우리나라 최초의 여성의병지도자였습니다. 여덟 편의 의병가를 만들어 많은 여성과 청년들에게 나라 사랑을 일깨웠고, 네 편의 경고문을 지어 밀고자들과 관군, 일본군에게 경고했습니다. 갖은 압박과 억압에 포기하지 않고, 40여 년간 항일구국운동을 했습니다.

여성지도자 김마리아와 근화회

세계 곳곳에서 조국 광복을 외친 여성들

1928년 1월 1일. 어려운 여건 속에 해외 유학길에 올랐던 조선여성들이 뉴욕에 모였습니다. 조국을 떠나 미국 유학 생활을 하고 있었지만 그들은 조국 광복의 꿈을 가슴에 품고 있었습니다. 이들은 1919년 일본 2·8독립선언에서 '조선은 독립국이며 조선인은 자주민'임을 선언하며 민족의 궐기를 촉구했던 재일유학생, 국내 3·1운동에서 태극기를 흔들었던 학생, 그리고 근대교육을 수학했던 여성지식인이자 여성지도자였습니다.

일제의 탄압에 대항하는 조선여성들은 자유와 평등, 평화를 향해 용감하게 활동했습니다. 기독교와의 인연으로 미국 유학을 가서 국외에서도 독립운동을 실천했던 여성들의 활약은 흥사단 활동을 비롯하여 교민과 합일을 이루었던 일련의 활동에서도 알 수 있습니다. 1928년 1월 1일, 회장 김마리아를 비롯하여 총무 황에스더, 이선행, 우영빈, 안헬른, 윤원길, 박인덕, 주영순 등은 무궁화의 의미를 담아 근화회(槿花會)를 조직했습니다.

근화회는 그 목적과 취지가 분명한 모임이었습니다. 첫째, 조국 광복 촉진을 위한 재미 한인사회의 후원을 독려하고 둘째, 여성동포의 애국정신 고취 및 대동단결을 강조하며 셋째, 대미 한인의 선전사업 협조 및 국내 정세 소통을 꾀하는 것 등이었습니다. 참석자들은 함께 애국가를 부르면서 저도 모르게 눈가에 눈물이 촉촉해졌다고 합니다. 그 자리는 조국 독립을 위해 적극적인 활동을 하겠다는 의기를 다지는 자리로, 조선여성의 공식적인 대외 활동을 알리는 신호탄과 같았습니다.

이후 국내여성과 교민 사회 간의 소통 통로를 확보하려는 공식적인 움직임이 일었고, 이러한 움직임은 국내외 여성들에게 커다란 파장을 일으켰습니다. 1928년 4월 5일 『신한민보』에 소개된 기사를 보면 뉴욕 근화회 여성들의 의기 있는 외침이 일축되어 있었습니다. 특히 눈에 띄는 이는 당시 근화회의 회장, 김마리아의 모습입니다. 그의 당당한 외침을 함께 들어 볼까요?

> 이천만 성명, 도탄에 울고, 삼천리 빛 잃어 캄캄하도다. 주야로 그리는 우리 동산, 언제나 무궁화 다시 피랴. 나라의 자유, 민족의 복락의 길, 개척할 이 그 누구냐!

김마리아는 국내외에서 활발하게 활동한 대표적인 여성독립운동가입니다. 그는 1892년 6월에 황해도 장연군 송천리 소래마을에서 태어났습니다. 우리나라 최초의 교회 '소래교회'가 설립된 지역인 만큼 선교사들의 왕래가 빈번했던 곳이지요. 아버지 김윤방과 어머니 김몽은의 세 자매 중 막내로 태어난 김마리아는 총명한 아이로 자라났습니다. 3세에 아버지를 잃고 14세에 어머니를 여의면서 불우한 유년 시절을 겪지만, 그 어려움을 딛고 김마리아는 지식인으로 훌륭히 성장했습니다.

한국에서 일본, 일본에서 다시 한국으로

김마리아는 수피아여학교를 거쳐 정신여학교에서 교사로 재직했습니다. 일본 동경으로 유학을 떠난 뒤에는 김숙경, 김정화, 김필례, 최숙자 등 10여 명과 '동경여자유학생 친목회'를 조직하고 2·8독립선언에 적극적으로 참여하여 한국 여학생의 존재를 알렸습니다. 2·8독립선언 준비 과정에서는 동경조선여자 친목회 회장으로 활동하며 본회와 지방 회원들의 기부금으로 여성잡지 『여자계』를 만들었습니다. 『여자계』는 일제 통치하에서 최초로 간행된 여성잡지였습니다. 이런 새로운 도전은 그의 항일운동 취지와 자연스레 연결되었습니다. 책의 도입에서도 언급했듯이 2·8독립선언은 한국독립운동사의 무척 중요한 전환점이었지요. 어쩌면 새로운 시대를 향한 시작점이라고도 볼 수 있습니다.

1919년 일본 중심부에서 외쳤던 2·8독립선언은 그야말로 충격적이었지요. 현장에서 참가하여 지켜보던 김마리아는 일본 경찰에 연행된 뒤 취조를 받고 나서는 풀려났습니다. 이후 김마리아는 정신여학교 교장으로부터 귀국 요청을 받고 서둘러 귀국 준비를 했습니다. 2월 17일 일본을 떠날 때 김마리아는 일본 여인으로 변장한 상태였습니다. 일본 옷에 두르는 큰 띠에 독립선언서를 숨긴 채 차경신과 함께 귀국했습니다. 그렇게 입국한 뒤 김마리아는 부산, 광주, 대구, 서울을 거쳐 황해도로 이동하면서 국내외 정세 변화를 파악했고, 만난 이들에게 거족적인 독립운동을 준비해야 한다고 알렸습니다.

3·1만세운동을 준비하는 과정에서 김마리아는 지방에 있는 교사와 여학생들을 만나는 등 전국적으로 활약했습니다. 3·1만세운동에 이어 2일, 5일 연이은 만세시위에는 많은 사람들이 참여했습니다. 3월 5일 서울의 만세시위 이후 일본 경찰은 학교와 교사, 민족 지도자들을 가리지 않고 잡아들였습니다. 김마리아도 학교를 찾아온 일본 경찰에 의해 체포된 뒤 심문을 당했고, 이후 서대문형무소로 넘겨져 재판을 받았습니다.

조국의 독립과 여성의 권리를 위해

서대문형무소에서, 김마리아는 훗날 자신과 함께 활동하게 될 최은

희, 황에스더, 박인덕 등 많은 여성독립운동가들을 만납니다. 앞서 여러 번 언급하였지만, 형무소 내의 고문은 잔인하기 그지없었습니다. 일본 경찰은 대나무 작대기로 머리를 내리치거나 가죽 채찍을 휘두르는 등 심한 고문을 가하는 것은 물론 성희롱도 서슴지 않았습니다. 김마리아는 수감된 뒤 3월 14일 법원의 1차 심문에 이어 18일 2차 심문을 받았습니다. 그리고 8월 4일부로 46명의 여성과 함께 풀려났습니다.

감옥을 나오고 나서 김마리아는 독립활동을 멈추지 않았습니다. 독립운동을 본격적으로 하기 위해 대한민국애국부인회를 조직하여 임원과 지부장들을 만나면서 차후 독립운동의 방향을 모색했습니다. 대한민국애국부인회장으로 취임한 김마리아는 전국적인 규모의 활동을 도모하면서 비밀 활동을 지속하기 위해 이를 증명하는 도장을 만들었습니다.

하지만 일제의 주요한 감시 대상이었던 김마리아는 여러 차례 감옥에 투옥되는 고통도 감수해야 했습니다. 건강을 회복하면서 그는 상해 망명을 결정했습니다. 이후 중국과 미국 유학 생활을 두루 거치면서 지도자로 성장해 나갔습니다. 미국 시카고대학교 대학원 연구생 과정을 거쳐 파크대학을 졸업한 뒤에는 앞서 소개한 근화회를 조직하여 회장으로 활발히 활동하였고요. 김마리아는 컬럼비아대학교 사범대학교에서 공부하며 한국학생연맹 부회장으로 선임되어 해외 유학생을 규합시키는 데 기여했습니다. 그 과정에서 여성도 조국의 독립만을 염원하고 있다는 것을 알렸습니다.

조국과 민족의 진취적인 관계와 여성구국운동의 적극적 참여를 피력했던 여성. 일제의 신사참배 강요에 끝까지 맞섰고 굴복하지 않았던 김마리아. 폭넓은 국내외 활동에서 나타나듯이 그는 국내외의 여학생, 교사, 여성독립운동가를 결집시키며 조국 광복을 위한 활동에 집중했습니다. 이렇듯 우리에게는 조국과 민족의 기운이 흐르고 있고, 과거 조국 광복을 위해 의로움을 펼친 선조들의 정신이 여전히 살아 있습니다.

김마리아(1892~1944)

세 살 때 아버지를 잃고 열네 살 되던 해 어머니를 여의었지만, 가정환경의 어려움을 딛고 훌륭한 지식인으로 성장했습니다. 수피아여학교를 거쳐 정신여학교 교사로 재직하였고 동경으로 유학을 떠난 뒤에는 뜻 맞는 이들과 '동경여자유학생친목회'를 조직하였습니다. 이후 2·8독립선언에 적극적으로 참여하는 등 한국과 외국을 오가며 일제에 맞서 활발히 활동했습니다.

독립을 염원했던 공군 비행사 권기옥

독립의 꿈을 안고 세상을 향해 날다

권기옥은 영화와 방송을 통해 많이 알려진 인물이지요. 1924년 중국의 운남 항공학교에 입학하여 제1기생으로 졸업했습니다. 중국 공군으로 복무하면서 소령, 중령을 거쳐 대위를 달았던 비행사였지요. 그의 가열찬 행보는 어디에서 비롯된 것일까요? 권기옥의 성장 과정과 활동 면면을 살펴볼 때, 그 의지의 원동력은 조국 독립에 대한 염원에서 비롯되었다는 것을 짐작할 수 있었습니다.

권기옥은 평안남도 출신으로 어버지 권돈각과 어머니 장문영 사이에 1남 4녀 중 둘째 딸로 태어났습니다. 평양 숭현소학교를 거쳐 숭의여학교(11회 졸업생)에 수학하는 과정에서 송죽결사대로 활약하며 항일 활동에 투신했습니다. 3·1만세운동 이후 권기옥은 좀 더 두각을 나타내기 시작했습니다. 임시정부의 군자금 모금활동에 조력한 부분이 발각되어 6개월의 옥고도 치렀습니다. 그러나 이에 굴하지 않고 사회개혁운동을 추진했던 '결백회'와 농촌계몽운동을 추진한 '면려회', 순회 민중계몽활동에 주력했던 '브라스밴드단' 활동에 이어 평남도청 폭파 지원활동 등으로 활발한 항일활동을 펼쳤습니다.

1920년 8월 3일, 평남도청 폭탄 투척사건에서 안경신과 함께 적극적으로 참여한 부분이 발각되어 일본의 감시 대상으로 주목받는 주요 인물이 되었습니다. 중국으로 거취를 옮겨 독립운동을 이어 나갔던 그의 인생은 그리하여 다시 한 번 비상하게 됩니다.

사회적 통념을 뛰어넘어 보편적 가치를 세우다

권기옥은 가슴에 담았던 꿈과 민족 현실을 극복하려는 의지를 담아 '비행사'에 도전했습니다. 16세에 서울 여의도 비행장에서 보았던 곡예 비행사 '스미스(A. Smith)'에 대한 기억의 끝자락을 머나먼 중국 운남항공학교에서 피우기로 한 것입니다. 비행학교를 졸업한 뒤에는 북경에 있는 개혁 성향의 군벌, 풍옥상 군의 항공대에 입성해서 활동했고 동로군 항공대의 부비항원활동으로 주목받았습니다. 그리고 1932년 상해사변에서 비행기로 일본군에 기총 소사하여 중국정부로부터 무공훈장을 수여받았습니다. 이후 중경 육군참모학교 교관으로 활약하는 등 많은 활동을 했지만 무엇보다도 권기옥의 관심은 조국의 독립에 있었습니다. 그는 숱한 경험을 토대로 임시정부에서 여성지도자로 부상했습니다. 한국비행대 편성과 작전계획구상, 한국광복군 건군 및 작전계획 참여는 물론 대한애국부인회 사교부장 활동 등 활발한 독립활동으로 광복의 힘을 불어넣었습니다. 광복 이후 민족재건의 과정에서도 권기옥은 국회 국방위원회 전문위원이자 『한국연감』을 발행한 최초 여성출판인으로 주목받았습니다. 또한 그는 여성광복군의 독립정신을 한국공군창설로 맥락을 연결한 인물이었습니다.

역사의 한 자락에서 국민의 역할이 무엇이고, 독립운동가로서 무엇을 해야 하는가를 끊임없는 도전과 행적으로 담아 냈던 여성독립운동가 권기옥. 그는 시대의 물결 속에서 사회적 통념을 뛰어넘기 위해 자신을 과감히 던졌습니다.

권기옥(1903~1988)

학생 시절 비밀 결사대 '송죽회'에 가입하여 독립운동 기금을 모아서 임시정부의 독립자금을 지원했습니다. 평양 만세시위운동에 참가했고 브라스밴드단으로 활동하며 전국여성의 계몽운동에 앞장섰습니다. 이후 비행사의 꿈을 이루며 한국 최초의 여성비행가로 활동하였습니다. 결혼 후에도 남편 이상정과 함께 독립운동을 했습니다. 1968년 대통령 표창, 1977년 독립장을 수여받았습니다.

여성교육의 횃불
차미리사

고통받는 여성들이여, 내게로 오라

여자도 배워야 산다! 장옷을 벗고 긴 치마를 짤라 버리고 첩첩이 닫힌 속에서 뛰쳐나오너라!

어느 날, 세상에 울려 퍼진 한 여성의 외침에 많은 이들이 귀를 기울였습니다. 당시 그는 야학과 병행한 강연회를 개최하고 있었습니다. 전국을 순회하며 여성의 계몽 의식을 고취시키고 여자교육회 기금을 마련하기 위해 많은 강연 일정을 소화했습니다.

강연하는 모습에서 그가 신여성이라는 것을 한눈에 알아볼 수 있었습니다. 세련된 옷차림에 구두를 신고 선 그의 목소리는 대중을 사로잡기에 충분했지요. 강연이 끝나고 단을 내려서자 기부금 행렬이 줄을

이었습니다. 그의 강연 내용은 무척 신선한 충격이었습니다.

> 전 조선 일천만 여성은 다 내게로 오너라. 남편에게 버림받은 여성, 과부된 여성, 남편에게 압제받는 여성, 천한 데서 사람 구실을 못하는 여성, 뜨고도 못 보는 무식한 여성들은 다 내게로 오면은 어두운 눈 광명하게 보여 주고 이혼한 남편 다시 돌아오게 해 주마. 그저 고통받는 여성은 다 내게로 오너라!

자신감 있게 소리치고, 구두 소리를 내며 힘차게 걷는 모습에 시민들은 문화 충격에 휩싸였을 만합니다. 그가 바로 지금 우리가 이야기할 인물, 여성대중교육의 선두에 섰던 차미리사입니다.

차미리사는 1880년 8월 경기도 고양군 공덕리에서 아버지 차유호와 어머니 장씨 사이에 태어났습니다. 태어났을 때 울음소리가 우렁차서 아들인가 했는데 딸이어서 섭섭하다고 '섭섭이'로 불렸다고 합니다. 손위 5형제가 모두 요절한 뒤 얻은 귀한 자식이라 집안의 귀여움을 독차지했습니다. 그는 어려서부터 "완전히 독립하여 살아갈 생각을 하라."는 부모님의 말씀을 들었습니다. 자라면서 자립정신과 독립심을 불어넣어 주었던 부모님의 영향을 많이 받게 되었지요. 성장 후 혼인하여 딸을 낳고 행복한 결혼 생활에 젖어 있던 때, 남편이 갑작스러운 중병으로 세상을 떠나면서 차미리사의 평범했던 삶이 한순간 달라져 버립니다.

끊임없는 배움을 통해 나라를 구할 방도를 찾다

차미리사는 열아홉 나이에 홀로되어 딸과 함께 생활했습니다. 주변 친척의 권유로 나가게 된 상동교회에서 다시 삶의 희망을 찾아 나갔습니다. 삶에 드리웠던 그늘의 무게를 극복하고자 맺었던 종교와의 인연은 상동교회에서 빛을 발하였고, 기독교의 인간 존중과 평등 · 박애 정신은 그를 변화시켰습니다. 교회에서 만난 조신성은 여자도 공부를 해야 한다며 미국 유학을 권유했습니다.

그로부터 얼마 뒤 차미리사는 일흔이 된 홀어머니와 여섯 살배기 딸을 뒤로하고 중국으로 유학을 떠납니다. 말도 통하지 않는 타국에서의 삶은 결코 편안하지 않았습니다. 하지만 고국에 남아 있을 어머니와 딸을 생각하며 이를 악물었습니다. 어려운 상황이었지만 포기하지 않고 노력해서 학업을 마쳤습니다. 그리고 다시 미국 유학길에 오릅니다. 미국 캔자스에 있는 스칼라이트 학교에 입학한 것이지요. 이후 미국에서 만난 안창호와 국민회 등 항일단체와의 인연은 차미리사의 삶을 다시 한 번 변화시켰습니다. 재미교포 사회를 계몽하기 위해 부인회를 조직했고, 대동공보의 기자 활동도 했습니다. 하지만 미국에서 바라본 조국의 모습은 결코 편안하지 않았습니다. 1917년 8월, 차미리사는 귀국하기로 마음을 먹었습니다.

국내에 돌아온 뒤 접한 가족의 소식은 참담하기 이를 데 없었습니다. 나이가 많았던 어머니는 돌아가셨고, 딸은 행방불명된 뒤였습니다.

여러 방면으로 딸을 수소문했지만 도저히 찾을 수 없었습니다. 차미리사는 아픔을 가슴 깊이 간직한 채, 소외받고 있는 여성의 계몽운동과 교육사업에 주력하였습니다.

여성 스스로, 삶과 나라를 구하라

역사는 책임지는 사람의 것이라고 했던가요. 이후 차미리사의 일생은 전통적 사회 통념과 일제의 울타리를 뛰어넘는 민족 해방의 길과 여성 각성에 대한 고뇌로 가득 찼습니다. 1919년 3·1만세운동 이후에는 예배당을 빌려 여자야학강습소를 열어 부인들을 대상으로 교육했습니다.

부인야학을 개설하자 수십 명의 학생들이 모여들었습니다. 차미리사는 무식하다고 구박받는 여성들을 위해 강단에 섰고 1920년 4월에는 조선여자교육회를 창립할 수 있었습니다. 배움에 목말랐던 여성들을 대상으로 전국에서 강연회를 개최하자, 많은 여성들이 모여들었습니다. 그는 재미여성단체인 한국부인회를 창립하는 데 이어 3·1운동을 계승하는 조선여자교육회를 창립하여 많은 이들로부터 관심을 받았습니다.

특히 조선여자교육회 산하에 부인야학강습소와 전국순회강연단을 조직하면서 민족의식을 고취하고 애국계몽활동을 이어 나갔습니다.

그렇게 그는 대중적 여성교육활동을 하는 선두에 섰습니다. 그가 세운 교육기관인 부인여자강습소는 1923년 3월 근화학원 설립으로 이어졌고 1938년 10월 덕성여자실업학교로 이름이 변경되었습니다.

차미리사는 늘 여성의 역할이 중요하다고 강조했습니다. 일제의 억압과 민족말살정책을 극복해야 하는 과정에서 남성에 의존하는 독립활동이 아닌 한국여성이 참여하는 통합된 활동으로 독립을 이루어야 한다고 생각했습니다. 민족 해방과 여성 평등은 함께 실현되어야 한다고 여겼기 때문에 여성이 변하지 않고서는 안 된다고 주장했습니다. 차미리사는 한국여성의 심장 소리가 조국 광복을 향해 울리기를 염원했던 독립운동가이자 진정한 여성대중교육의 횃불이었습니다.

차미리사(1880~1955)

1880년에 태어난 차미리사는 어릴 적부터 자립정신과 독립심을 단단히 심어 준 부모님의 영향을 많이 받았습니다. 남편이 중병으로 갑작스레 세상을 떠난 뒤 그는 중국으로 유학을 다녀왔습니다. 이후 조선여성들의 교육활동을 이끌며 더는 남성에 의존하지 않고 여성 스스로 삶을 꾸려 가기를 희망했습니다.

여성의식 개혁의 선구자
나혜석

시간이 지날수록 더욱 간절해지는 독립의 염원

"그대는 3월 2일 이화학당 기숙사에 갔었는가?"

"그렇다."

"몇 사람이 모였는가?"

"박인덕, 황애시덕, 김마리아, 김하느론, 신체르뇨 등 11명이었다."

"그대는 총독정치에 대하여 어떻게 생각하는가?"

"정치에 대해서는 모른다."

1919년 3월 18일. 경성지방법원 감사국에서 진행된 조선총독부 검사의 앞에 한 여성이 서 있었습니다. 그는 검사의 질문에 분명한 어조로 답을 이어 갔습니다. 바로, 여성독립운동가 나혜석이었습니다.

수감되기 전인 3월 2일, 나혜석은 여학생 3·1운동의 참여를 의논하고 있었습니다. 그로부터 이틀 뒤 3월 4일, 개성과 평양 등지에서 자금 모금 활동을 하며 만세운동을 확산시키기 위한 구체적인 계획을 논의해 나갔습니다. 3월 5일 아침, 그는 이화학당 학생들과 함께 거리를 누비며 만세를 외치고 있는 거리 인파에 몸을 실었습니다. 대한독립만세. 이 여섯 글자는 결코 단순하지 않았습니다. 모든 시대의 경계를 허물고 경계의 틀을 넘어설 수 있는 위력을 가진 단어였지요. 거리 곳곳 수많은 사람들이 그 글자의 의미를 품고 태극기를 흔들며 소리쳤습니다.

당시 일본 경찰은 끊이지 않는 만세행렬과 만세운동의 확산 규모에 당혹감을 감추지 못했습니다. 3·1만세운동이 전국적으로 확산되면서 연령·지역·성별의 경계가 허물어진 지는 이미 오래전이었습니다. 나혜석은 3월 8일 이화학당의 식당에서 체포되어 옥고를 치렀습니다. 투옥된 지 다섯 달이 지나서야 증거 불충분으로 풀려났습니다.

삶의 구석구석에 스며든 민족정신

나혜석은 아버지 나기정과 어머니 최시의의 5남매 중 넷째 딸로 경기도 수원에서 태어났습니다. 아버지 나기정은 구한말 사범관, 시흥군수를 지내는 등 집안이 무척 부유했습니다. 당시 신문물 유입으로 개화의 필요성과 근대교육의 중요성을 염두에 두고 나기정은 나혜석과 자녀를 유학 보냅니다.

일본에서 그들이 느낀 것은 자국의 현실이었습니다. 일본에서 유학 생활을 하면서 나혜석은 둘째 오빠 경석의 영향으로 사회주의운동에 관심을 가지게 됩니다. 그러고는 한국 민족운동의 본원적 의미를 깨달아 가지요. 나혜석은 도쿄사립여자미술학교 서양화부에 입학하여 미술 활동을 하지만 이에 머물지 않았습니다. 시대의 틀을 혁파하는 시, 소설, 수필, 미술 에세이, 여성비평, 페미니스트 산문 등을 게재하여 여성해방운동가의 대열에서 많은 주목을 받았습니다.

지금까지 나혜석은 예술가적 면모를 지닌 인물로 더 많이 알려져 왔습니다. 1921년 3월에는 유화 70점으로 서울 최초의 유화전을 개최했고, 세계 일주를 하며 프랑스, 미국, 이탈리아, 스페인 등을 거쳐 귀국한 뒤에도 개인전을 개최하여 화제를 모았지요. 또 사랑과 결혼, 이혼 등의 개인사 또한 언론의 많은 관심을 받았습니다. 그의 정치적 입장과 행보를 두고 서로 다른 의견들이 오가기도 합니다.

하지만 나혜석의 활동을 추적하면, 그의 삶에 독립을 향한 민족정신이 녹아들어 있음을 알 수 있습니다. 문화는 민족정신을 대변하는 소통의 통로이지요. 나혜석은 조선의 아름다운 풍경을 예술적으로 표현했고 문화적 통로를 통해 자신을 표현했습니다. 단순한 예술적 평가를 넘어서서 그의 사상과 민족정신을 담고 있는 작품들입니다. 69편의 저작과 캔버스의 유채화 작품을 통해서 대표적인 신여성의 면모를 어김없이 발휘했던 나혜석은 여성해방과 민족 해방의 메시지를 작품에 담아냈습니다. 조선의 여성으로 외교관의 부인, 문학가, 미술가, 여성해방운동가, 독립운동가 등의 수식어를 가졌던 신여성 나혜석. 그에게 침잠되어 있던 여성독립운동가의 삶과 활동을 조심스럽게 떠올려 봅니다.

나혜석(1896~1948)

우리나라 여성 최초의 서양화가이자 작가, 여성의 권리를 드높이고자 애쓴 운동가이기도 하였습니다. 일본 유학 시절 여자유학생 학우회 기관지인 『여자계』 발행에 주도적으로 참여하면서 조혼을 강요하는 아버지에 맞서 여성도 인간임을 주장하는 단편소설 「경희」를 발표했습니다. 나혜석은 자신을 규정하는 어떠한 수식어에도 얽매이지 않았습니다.

새로운 교육과 새로운 일꾼
최용신

농촌계몽운동에 앞장선 신여성

소설가이자 독립운동가인 심훈의 소설 『상록수』를 알고 있나요? 소설의 주인공이 실제 인물을 바탕으로 했다는 점이 잘 알려져 있지요. 피폐해져 가는 농촌에 민족의식 계몽의 필요성을 외쳤던 여성독립운동가, 바로 최용신입니다. 심훈의 소설에 등장할 정도로 최용신의 삶은 시대의 틀을 넘어선 도전으로 가득했습니다.

최용신은 함경도 출생으로 2남 3녀 중 차녀로 태어났습니다. 외래문물 유입과 선교 활동이 활발했던 함경도의 지역성은 최용신 일가에도 고스란히 전달되었습니다. 조부가 전개한 교육사업과 아버지의 신간회 활동은 최용신이 농촌계몽활동에 주력하는 데 주요한 영향을 끼쳤지요.

최용신은 강원도 원산 소재의 루씨여자고등보통학교를 졸업한 뒤에

농촌계몽을 이끄는 여성지식인으로 과감히 민중 속에 파고들었습니다. 근대교육기관의 수학과 기독교 정신이 토대가 되었고 일제강점기 시대 상황과 그 시대 외면당했던 여성의 존재를 인식하면서부터였습니다. 그는 경기도 안산 남산평 작은 마을에서 과감한 계몽활동을 시작하면서 농촌여성 계몽운동의 선두에 섰습니다. 민족정신 고취와 문맹 퇴치를 화두로 지역민들을 변화시켰지요. 샘골마을의 강습소, 작은 강의실부터 시작된 교육은 천곡학원 건축 발기인 조직과 부인회 기금 확보에 불을 지폈습니다.

최용신은 배우고자 하는 열망에 가득 찬 이들의 가슴을 뜨겁게 달구었습니다. '민족계몽이 곧 민족성장의 동력'이라고 강조했던 교사 최용신. 그가 애국계몽이 중요하다고 외쳤던 것은 당시 계급과 빈부, 귀천을 뛰어넘을 수 있는 교육의 통로를 제시했기 때문입니다. 그의 행보는 메마른 땅을 적시는 단비와 같았습니다.

종교, 조선인의 의식 변화를 이끌다

3·1운동에서 수많은 여성들이 만세시위에 가담했고 투옥되었습니다. 그들 중에서 적극적으로 활약했던 여성들의 80퍼센트 이상이 기독교인이었습니다. 3·1운동에 참여한 여학생과 여성의 분포를 살펴보면, 여성들의 의식 변화에 종교가 중요한 역할을 했음을 알 수 있습니

다. 점차적으로 주체적이고 자발적인 활동이 지속적으로 이어지게 되지요.

1920년대에 들어서며 민중운동은 농민운동, 노동운동 등으로 점차 다양해지고, 야학이 본격적으로 발전하기 시작했습니다. 대중 속으로 지식층이 들어가면서 민립대학 설립운동과 물산장려운동, 국학운동 등 다양한 시도와 접근이 이루어지고 지식층의 변화를 요구했습니다. 그 가운데 지식층이 자성의 목소리를 내기 시작한 것이 바로 농촌계몽운동의 주류인 브나로드(vnarod) 운동이었습니다. 브나로드 운동은 계몽 의식을 강조하며 민중 속으로 파고들었습니다. 그 시기 조선일보사는 1929년 6월에 문맹 퇴치운동을 시작했습니다. 125개 학교에서 학생 4917명과 특별반 161명 등 5078명이 참여하는 문자보급운동을 확산시켰습니다. 이어 동아일보사도 1931년 7월에 전국농촌을 상대로 한 문화계몽사업을 전개하여 문맹타파에 일조했습니다.

당시의 농촌계몽운동은 그야말로 획기적인 시도였습니다. 조선총독부의 제지로 농촌계몽운동은 일시에 중단되거나 금지 조치로 위기를 맞기도 했지만, 지식인들이 농촌에 불어넣었던 도전은 민중을 결집시키기에 충분했습니다. 또한 그 과정에서 부각된 민족정신은 농촌계몽의 일차적 의미를 넘어 조국 광복의 염원을 부가시키는 데 큰 힘이 되었습니다.

변화는 거창한 게 아니다

최용신은 농촌계몽운동을 적극적으로 펼쳤던 샘골에서 자신의 확고한 의지를 이렇게 밝히기도 했습니다.

> 내 몸뚱이는 샘골과 조선을 위하여 생긴 것입니다. 그 샘골과 그 조선을 위하여 일하다 죽었던들 그게 무엇이 슬프겠습니까.

낮밤 가리지 않고 야학과 출장 교수를 하며 자신의 몸을 돌보지 않았던 최용신은 약한 몸에 병이 들어 두 번의 수술과 합병증으로 고통을 받다가 결국 목숨을 거두고 맙니다. 농촌여성에게 배움의 길을 열어 주었던 최용신. 그는 거창하거나 화려한 자리가 아닌 사랑과 배려를 실천하는 현장에 섰습니다.

> 이 사회는 무엇을 요구하며 또 누구를 찾는가? 사회는 새 교육을 받은 새 일꾼을 요구한다. 더욱이 현대 중등교육을 받고 나오는 여성을 가장 요구하는 줄로 안다. (……) 농촌여성의 향상은 우리들의 책임이라는 것을 알아야 할 것이다. 중등교육을 받은 우리가 화려한 도시 생활만 동경하고 안일의 생활만 꿈꾸어야 옳을 것인가?

협성여신학교에 입학하면서 쓴 「교문에서 농촌에」라는 글에서 알 수 있듯 최용신은 가난한 농촌을 누군가가 일구어야 한다고 강조하고 있습니다.

민족의 사랑, 문명의 필요성, 국제 평화를 외치며 핍박받는 조선이 아름답기를 희구했던 최용신의 외침. 그의 진취적인 도전은 일제의 탄압과 경제적 어려움, 현실적 한계에 부딪치고 말았습니다. 하지만 YWCA 농촌지도부 파견 교사에서 시작된 지도자의 열의가 농촌계몽운동의 불씨를 일으킨 사례로 주목받기에 충분했습니다. 그의 진취적인 민족적 기상에는 민족 개조를 염원했던 독립운동가의 정신이 숨쉬고 있습니다.

최용신(1909~1931)

심훈의 소설 『상록수』의 실제 인물인 최용신은 피폐해져 가는 농촌에 민족의식 계몽의 필요성을 외쳤던 여성독립운동가입니다. 경기도 안산 남산평의 작은 마을에서 계몽운동을 시작하여 농촌여성운동에 앞장섰습니다. '민족계몽이 곧 민족성장의 동력'이라고 소리 높여 외치면서 열성적으로 활동하였습니다.

우리의 적은 우리가 아니다,
남자현

왜 타국에 와서 우리끼리 싸워야 하는가

한일병합 이후 많은 독립운동가들은 국외로 망명하여 독립운동을 도모했습니다. 간도 일대와 러시아, 중국 등 국경과 인접한 지역부터 먼 지역까지 수많은 이들이 오직 독립을 향해 모였지요. 1922년 3월. 국외에서 고군분투하던 독립운동가들이 모여 논의를 하던 중 언쟁이 높아졌습니다. 독립운동이 장기화될수록 부족한 군자금과 열악한 환경, 일본 경찰에 쫓기는 상황이 반복되면서 몸과 마음이 피폐해져만 갔기 때문이었습니다.

'조국 독립'만을 염원했는데, 희망의 빛은 점차 퇴색되어 갔습니다. 각 단체들의 의견 대립이 심해지면서 높은 언성이 오가기도 했습니다. 단합이 아닌 분열로 위태로운 그때, 한 여성이 이들을 주목시켰습니다. 그는 엄지손가락의 한 마디를 잘라 써 내려간 혈서를 들고 많은 이들 앞에서 거침없이 읽어 내려갔습니다. 바래져 가는 독립정신을 재차 확인시켰던 사람, 바로 남자현이었습니다.

흔히 그를 '여자 안중근'이라 불러 왔습니다. 남자현은 피가 흘러내리는 손을 들고서 대립의 장을 펼치고 있는 독립운동가의 단합을 호소했습니다. 그 자리에서 독립운동가들은 진정 우리가 피로 뭉쳐진 이들이라는 것을 다시 한 번 돌아보게 되었습니다.

1920년 이후 일제의 탄압은 수위가 극에 달했습니다. 압록강과 두만강 일대에 병력이 추가 배치되면서 독립단체나 독립운동가들이 무차별적으로 학살되었습니다. 일제는 오직 독립군 토벌에 혈안이 되어 있었지요. 그해 10월에 일어난 '경신참변'에는 일본군 2만 여명이 동원된 가운데 서북간도 지역의 한인 3600여 명이 살해당했고 3200여 채의 가옥과 학교, 교회가 불타 버렸습니다. 그렇게 일제의 잔악함은 도를 넘어서고 있었습니다. 그 어려움을 타개하기 위해 모였던 독립운동가였지만 이들은 또 대립하고 있었습니다. 1948년에 발간된 잡지 『부흥』에는 다음과 같은 내용이 기록되어 있습니다.

선생은 이 일을 크게 근심하여 산중에 들어가서 한 주일 동안 금식기도를 하고 손가락을 베어 그 피로 글을 써서 책임 관계자들을 소집했다. 그 성의와 순국정신에 감격한 독립운동 간부들은 누구나 뜨거운 눈물과 죽음을 각오하는 피의 설유에 각각 잘못을 회개하고 완전한 쌍방 간의 화합이 성립되었다.

소란한 회의석상에서 손마디를 잘라 혈서로 호소했던 남자현. 19세에 혼인했지만 의병운동에 참여하기 위해 곧장 전쟁터로 향한 남편의 뒷모습을 바라보던 새색시는 청천벽력 같은 남편의 전사 소식을 듣게 됩니다. 임신 소식을 알리기도 전에 남편은 세상을 떠나 버렸습니다. 그 빈자리를 메우고자 남자현은 아들을 키우면서 집안을 돌보았습니다. 하지만 그의 마음속에서 꺼지지 않는 외침이 들려왔고, 결국 안정을 뒤로하고 처절하리만큼 힘든 길을 선택했습니다.

남자현은 서울로 상경하여 3·1만세운동을 했습니다. 이어 만주에서는 무장활동에 투신했습니다. "내 남편과 내 조국의 원수를 갚기 위해 독립운동을 도모한다."는 신념을 가지고 오직 독립활동에 매진했지만 현실은 녹록치 않았습니다.

이 세상에 나의 뜻이 전해질 수 있도록

독립운동계여 단결하라! 우리는 일제와 싸우러 왔을 뿐, 동족과 싸우러 온 것이 아니다. 피 한 방울이라도 적을 위해 써야 하거늘, 조선인을 해치는 데 써서야 되겠는가.

남자현은 지혈사사건 이후에도 독립운동가들을 단합시키기 위한 활동을 했습니다. 그러던 중 1932년 9월 19일 국제연맹조사단 리톤과 그 일행이 방문한다는 소식을 접하게 됩니다. 그들의 방문일자에 맞추어 남자현은 거사일을 정했습니다. 그리고 왼쪽 무명지 두 마디를 자르고 흐르는 피로 '대한독립원(大韓獨立願)'을 써 내려갔습니다. 그 다섯 글자에 민족독립의 염원을 담아 국제사회에 호소하고자 했던 것이지요.

총독암살을 여러 차례 시도했지만 실패로 끝나고 말았던 지난 경험을 되돌아보며 다시 한 번 일제를 향해 저항의 메시지를 남겼습니다. 다시 총독암살을 시도하던 중 밀정에 의해 체포된 남자현은 잔학한 일제의 고문을 당하게 됩니다. 혹시라도 고문을 견디다 못해 정신을 잃으면 동지들의 이름을 부를지도 모른다는 생각을 하고, 그는 스스로 곡기를 끊었습니다. 나라를 위해 냉정한 선택을 한 것이었습니다. 10여 일이 지난 뒤, 남자현은 인사불성이 되어 가족에게 인계되었습니다. 남자현은 죽음이 임박한 것을 아는 듯, 아들과 손자의 손을 잡고 자리를 옮겨 감추어 둔 행낭을 가져오라고 했습니다.

이 돈 중에서 2백 원은 조선이 독립되는 날 정부에 독립 축하금을 바치도록 해라. 그리고 손자 시련이를 대학까지 공부시켜서 나의 뜻이 전달되도록 해라. 남은 돈 49원 80전의 절반은 손자를 공부시키는 데 쓰고 나머지는 친정에 있는 손자를 찾아서 교육을 시켜라.

죽음을 앞두고 남자현이 남긴 마지막 유언이 가슴을 뭉클하게 합니다. 그의 숱한 국내외 활동을 살펴보면 변함없는 조국 독립에 대한 염원과 후대에 독립된 나라를 계승하고자 했던 어머니의 마음이 교차되어 있습니다. 그의 삶을 살펴보며 지금 여기 우리에게 묻습니다. 오늘날 우리는 역사의 무게를 얼마나 견뎌 내고 있을까요? 쉽지 않은 질문 앞에 고개를 숙이게 됩니다.

남자현(1872~1933)

영화 〈암살〉의 실존 인물로 알려진 남자현은 만주 일대와 서로군정서 등에서 활약한 여성독립운동가입니다. 혈서 「조선독립원」을 작성하여 독립과 해방을 호소하였습니다. 일본 총독과 지도자를 암살하려다 체포되어 옥고를 치렀습니다. 1962년 건국훈장 대통령장이 추서되었습니다.

5부

고통에 지지 않는 역사의 순간들

여성독립운동가들은 일본의 감시는 물론 사회적 제약을 감내하는 이중고를 겪어야 했습니다. 그러한 시간을 지나면서 이들은 더욱 강해졌습니다.

대한독립여자선언서에 민족정신을 담다

나라를 위해 내가 할 수 있는 일

오늘은 좀 더 먼 과거에서 이야기를 시작할게요. 1896년 4월 21일, 『독립신문』에는 "여성도 교육을 받아 지식을 넓히고 권리를 찾아야 한다."는 내용의 논설이 실렸습니다. 그 영향 때문이었을까요? 중소 도시에 살고 있는 부인들이 중심이 되어 남녀동권에 관심을 가져야 한다는 각성의 목소리가 거세게 일기 시작했습니다. 그 옛날에도 이러한 움직임이 있었다니, 놀랍기도 합니다.

『독립신문』이 언급한 의식계몽운동은 여성의 의식 변화에도 자연스레 영향을 주었습니다. 1898년 9월 10일에 발표된 여성 근대교육 및 여권의 주장을 담은 '취지문'과 우리나라 최초의 여성단체인 '찬양회'도 그 영향에 있었습니다. 이후 일제강점기에 억눌려 있던 민중의 저항 심리와 맞물려 신분과 계층, 지역, 성별을 뛰어넘는 3·1운동이 전개되기에 이르렀지요.

민중을 향해 총검을 겨누었던 조선총독부 휘하의 일본 기마대와 헌병은 만세를 부르짖으며 쏟아져 나오는 인파와 태극기 물결의 위력에 무너졌습니다. 이 모습을 본 여성들은 자신도 국가의 일원으로서 조국의 독립을 위해 무언가 할 수 있음을 확인했습니다. 허공을 메웠던 만세 소리는 항일정신의 실체였고, 독립선언서는 민족항일운동의 당위성을 확인시키는 결과물이었습니다. 우리 대한민국의 민족운동 지향점은 독립선언서에 고스란히 담겨 있습니다.

독립선언서는 3·1운동을 확산시키는 도화선이었습니다. 1918년 11월 만주와 노령 등지의 독립운동가가 발표한 무오독립선언서와 1919년 2월 8일 동경유학생들이 발표했던 2·8독립선언서 등도 마찬가지였습니다. 그리고 1919년 4월 8일 무렵에 배포된 대한독립여자선언서는 그 존재만으로도 사회적 파장을 불러일으키기에 충분했습니다.

여성들의 목소리와 활동을 살피는 과정

대한독립여자선언서는 미국 및 노령 지역에서 결성된 부인회 8명(김인종, 김숙경, 김오경, 고순경, 김숙원, 최영자, 박봉희, 이정숙)의 연서였습니다. "슬프고 억울하다, 우리 대한동포이시여"라는 문장으로 시작되는 선언서는 '대한민족 부인 동포의 대정신 대자각을 성명하는 선언'임을 명확히 했습니다. 선언서는 일본 침략의 부당성과 한일합방 성립의 불합리성을 비판했습니다. 그뿐만 아니라 적극적인 여성활동의 중요성과 국가 위기 상황에서 여성이 해야 할 역할을 강조하면서 국내외 동포가 분발해야 한다고 주장했습니다.

또한 이 선언서는 일반여성이 쉽게 공감할 수 있도록 작성되었다는 점에서 여성계에 던진 파장이 컸습니다. 국한문 혼용체가 아닌 순 한글로 쓰였다는 점도 대중적 선언서로 주목받은 이유 중 하나였습니다. 여성에 의해 작성되었다는 점에서 항일 의식을 확산시켰고, 여성항일단체 결성의 확산을 이끌어 내는 역할을 했습니다. 대한독립여자선언서 배포 이후 국내외 여성 개인은 물론 여성단체 활동이 더욱 활발해졌지요.

누군가 묻곤 합니다. "독립운동은 남성과 여성 모두가 했는데 왜 여성을 연구하나요?"라고요. 남성과 여성을 구분하는 것은 중요하지 않다고 생각하는데 당신의 생각은 어떠냐며 물어온 사람도 있었습니다. 네, 맞아요. 독립운동가들을 남성과 여성으로 구분할 필요는 없습니다. 하지만 유교 사회적 특성으로 인해 우리나라의 역사는 남성 위주로 기술되어 왔고, 여성의 목소리와 활동을 살피려는 노력은 부족했습니다. 그렇기 때문에 여성의 역사가 어떤 맥락에서 이어져 왔고, 어떤 성격을 가지고 있으며, 그들은 어떤 활동을 했는가는 매우 중요한 문제일 수밖에 없습니다. 이에 대한 관심은 곧 한국 역사를 바로 세우는 것이기 때문입니다. 한국여성의 역사를 통해, 여성독립운동사를 통해 잊힌 것들을 되새기고 새로운 의미를 찾아내는 일은 반드시 필요합니다.

한국여성의 저항 정신, 도전 의식, 위기 극복의 지혜를 모으고자 했던 대한독립여자선언서. 그것은 단순한 역사 기록물의 의미를 넘어 나라 사랑을 실천한 정신적 핵심이라고 평가할 수 있을 것입니다. 5부에서는 이렇듯 절실하고 간절한 마음으로 나라 사랑을 실천한 이들을 만나 보려고 합니다. 누군가의 아내, 혹은 누군가의 엄마로 불리던 여성들의 삶 속에 스며든 독립운동 활동을 찬찬히 들여다보지요.

임시정부의 정신적 지주
곽낙원

고통에 지지 않는 삶

한일병합으로 나라의 통치권을 빼앗기고 식민지국으로 전락했을 때 어머니들은 남편과 자식을 독립운동 현장으로 보냈습니다. 그들은 가정 경제를 책임졌고 가족의 독립운동을 지원하며 구국 활동에 앞장섰습니다. 내 조국을 찾겠다는 의지로 온 마음을 다했지요. 김구의 어머니 곽낙원도 마찬가지였습니다. 그는 임시정부의 어머니이자 독립운동가의 정신적 지주로 불렸습니다. 임시정부의 살림을 도맡아 꾸리고 타국 생활의 설움까지도 감내하며 독립운동을 해야 했기에 강하고 또 강해질 수밖에 없었습니다.

곽낙원은 1859년 황해도 장연군 목감면에서 출생하여 14세에 김순영과 혼인한 뒤 어렵게 김구를 낳았습니다. 비록 신분 차별과 가난 속에 고통을 받았지만 아들 김구가 한글과 한문을 익혀 견문을 넓히는데 후원을 아끼지 않았습니다. 김구가 신분 사회의 모순과 부정부패에 반기를 들며 동학에 입교했을 때, 명주 저고리를 지어 주며 아들을 격려했던 어머니. 감옥을 수없이 드나들었던 독립운동가 김구에게 어머니는 정신적 지지대와도 같았습니다.

독립운동을 위해 살고, 또 살고

1911년 비밀 결사대 신민회 활동과 독립운동기지에서 독립군을 양성하는 과정에서 김구는 일본 경찰에 붙잡혀 징역 15년을 구형받았습니다. 그때 곽낙원은 하루 두 차례씩 형무소를 방문하여 옥바라지를 하였고, 생활비를 절약한 돈으로 권총 2자루를 마련하여 아들에게 선물했습니다. 그는 그렇게 김구를 조국을 위한 인물로, 민족의 선각자로 다시 일어서게 했습니다. 오랜 시간 지속된 타국 생활과 임시정부 활동은 결코 녹록치 않았으나, 어려운 환경 속에서도 독립운동가에게 숙식을 제공하고 활동을 돕는 한편, 독립운동가 부인들을 규합하여 독립활동에 동참시키면서 임시정부의 정신적 어머니가 되었습니다.

위대한 어머니의 행적은 시대를 막론하고 주목받기 마련입니다. 곽낙원은 아들 김구 옆에 늘 동행했고, 나라 사랑을 몸소 실천했던 여성 독립운동가였습니다. 그는 늘 자신보다 독립을 위해 헌신했습니다. 과거 발트해에서 선원이나 어부를 도와주었다던 가상의 요정 클라바우터만처럼 그는 독립운동을 위한 일이라면, 독립운동가를 돕는 일이라면 결코 주저하지 않았습니다.

> 어서 독립이 성공되도록 노력하고 성공하여 귀국할 때 나의 유골과 인의 어미의 유골까지 가지고 돌아가 고향에 묻어라.

곽낙원은 유언조차 독립을 향한 열망으로 가득 차 있던 사람이었습니다. 때로는 역사의 뒤에서 소리 없이 헌신하고, 때로는 직접 활동 전선에 뛰어든, 아들을 선각자로 일으켜 세운 대한의 어머니 곽낙원. 그의 힘은 치열했던 독립운동 현장에서 확인할 수 있습니다.

곽낙원(1859~1936)

독립운동가이자 민족운동가로, 김구의 어머니입니다. 14세에 김순영과 결혼하여 아들 김구를 낳았습니다. 17세 때 남편이 반신불수가 되자, 안악·신천·장연·해주 등지로 의사를 찾아 안정을 되찾게 하였다는 일화가 유명하지요. 신분 차별과 가난 속에 삶이 힘들고 고통을 받았지만, 김구가 한글과 한문을 익혀 견문을 넓히는 데 후원을 아끼지 않았습니다.

가족과 함께 광복의 희망을 품었던 정정화

국가와 여성의 관계를 되짚어 보다

국가와 국민의 관계는 나라가 위기 상황에 처했을 때 그 의미가 더 선명해집니다. 국민은 국가를 위해 무엇을 해야 하는가에 대한 해답을 역사적 사례에서 찾아봅니다. 일제침략에 끊임없이 저항했던 우리 민족의 독립활동사례가 대표적일 거예요. 의병운동, 국채보상운동, 3·1 운동에 이르기까지, 끊임없는 투쟁활동의 면면에 그 해답이 고스란히 드러납니다. 이렇듯 국가와 개인의 관계는 보편성과 특수성을 넘어선 본질적 가치에서 그 의미를 확인하게 됩니다.

전통사회에서 국가와 여성의 관계는 그리 주목받지 못했습니다. 근대화와 식민지화가 진행되는 과정에서 여성은 저항의 주체로 두각을 나타내기 시작했습니다. 독립운동의 전 분야에서 활약을 한 여성독립운동가는 국내외를 넘나들었습니다. 그중에서도 광복의 희망을 가족과 조국의 관계로부터 찾았던 한 여성이 있었습니다. 조국 광복을 위한 집념의 독립활동이야말로 민족 희망의 불씨를 틔울 수 있는 유일한 선택이라는 것을 알고 있었기에 임시정부의 고난과 함께한 여성. 독립정신을 몸소 실천한 여성. 정정화입니다.

정정화는 전라우도 수군절도사, 경상좌도 병마절도사, 병조참판 등을 거친 아버지 정주영과 어머니 김주현의 1남 2녀 중 차녀로 태어났습니다. 여섯 살에 오빠를 따라 몰래 서당을 다니며 천자문과 소학을 익힐 정도로 공부에 대한 열의가 있었습니다. 1910년 만 10세의 나이에 정정화는 조혼 풍습의 영향으로 김가진의 장남 김의한과 혼인을 합니다. 1919년 3·1만세운동이 전개되자 김가진은 조선 독립을 추구하는 동지들과 함께 조선민족대동단을 발기했습니다. 이어 독립선언서와 격문을 배포하며 독립운동에 투신하는 등 활발히 활동했지요. 일제의 감시가 심해지자, 시아버지 김가진은 남편 김의환을 데리고 상해 망명을 강행했습니다.

김가진과 김의환의 독립활동이 활발해질수록 정정화의 삶은 고달픈 행로에 접어듭니다. 그러나 가족의 갑작스러운 망명은 정정화를 한층 강인하게 만들었습니다. 시아버지와 남편을 만나기 위해 밤기차를 타고 의주, 만주를 거쳐 압록강을 넘어 상해에 가는 일탈을 시도하기도 했지요. 정정화는 곤궁한 생활을 극복하고 독립자금을 마련하고자 여러 차례 국내 잠입을 시도했습니다.

조국을 위해 기꺼이 택한 힘겨운 삶

내가 임시망명정부에 가담해서 항일 투사들과 생사존몰을 같이 할 수 있었던 것은 순전히 나의 사사로운 일에서 비롯되었다. 다만 민족을 대표하는 임시정부가 내게 할 일을 주었고, 내가 맡은 일을 했을 뿐이다. 주어지고 맡겨진 일을 모르는 체하고 내치는 재주가 내게는 없었던 탓이다. 그러니 나를 알고 지내는 주위 사람들이 나를 치켜세우는 것은 오로지 나의 그런 재주 없음을 사 주는 까닭에서일 것이다.

위의 글은 정정화의 회고록 『녹두꽃』에 실린 서문의 일부입니다. 내용에서 짐작하듯 정정화는 자신의 독립활동이 순전히 개인적인 목적에서 비롯되었다고 했습니다. 하지만 목숨을 건 행동은 강한 의지가 수반되지 않고서는 실행하기 힘들었을 겁니다. 그는 대한민국임시정부의 조직원으로 활동하면서 수많은 독립운동가와 고통을 함께했습니다. 편안한 삶보다는 무사귀환을 장담할 수 없는 길을 선택했습니다. 독립운동가 김가진의 며느리, 김의환의 아내, 그리고 여성독립운동가로 살아갔습니다.

끊임없는 독립투쟁에 지치지 않고 용감하게 몸을 던진 독립운동가들을 품어 준 따뜻한 어머니 정정화. 나라를 잃었으나 내 자식은 조국광복을 품을 수 있기를 바라는 염원으로 견뎌 낸 망명 생활과 목숨을 건 독립활동은 많은 이들의 단합을 이끌어 내는 힘이 되었습니다. 정정화의 강인한 독립정신은 아들 김자동에게 전해졌습니다. 김자동은 대한민국임시정부 기념사업회를 이끄는 수장이 되었습니다.

역사는 소리 없이 흘러갑니다. 정정화의 가슴속에 피어난 광복에의 희망이 우리에게 생생하게 전해져 옴을 느낍니다.

정정화(1900~1991)

11세 되던 해에 동갑내기 김의한과 결혼하면서 세상 물정에 눈뜨기 시작했습니다. 이를 계기로 상해 망명과 독립운동 투신을 결심했습니다. 목숨 걸고 국경을 넘나들며 임시정부를 위해 노력했지요. 그는 한국국민당, 대한애국부인회등의 단체에 가입하여 활동하였고 1946년 귀국하기까지 임정 요인들을 돕고자 애썼습니다.

인·의를 실천한 화서학파 여성들

전통의 틀 안에 안주하지 말 것

화서학파의 주역이었던 이항로는 인(仁)과 의(義), 인도(人道)를 강조하며 도학파의 선봉에 섰던 인물입니다. 정도를 밝히고 정의를 실천하고자 했던 그의 의도는 화서학파 문인뿐 아니라 화서 집안 여성에게도 영향을 주었습니다. 화서학파는 척사구국운동에서 선도적인 역할을 했을 뿐만 아니라 위정척사운동·의병운동·독립운동·교육활동·계몽운동 등 많은 활동의 주역으로 한국민족운동사에서 중요한 입지를 차지하고 있습니다.

초기의 민족항일운동은 전통적 유교 사상을 습득했던 양반 계층이 주도를 하지만 일제 식민화가 급격히 전개될수록 이에 항거하는 행보는 전 민족적 항일운동으로 이어졌습니다. 그 시기에 구국운동의 대열에 있었던 화서집안 여성들의 행보를 주목할 필요가 있습니다.

화서학파는 민족자존과 자주, 자고를 강조했던 전통학파지만 항일 투쟁에서는 계층이나 남녀의 구분을 넘어서는 전 민족적 움직임으로 확산되어야 한다고 주장했습니다. 즉, 구국운동은 계층의 구분보다 전 민족적 항거가 동력이 되기 때문에 민중의 역할과 중요성을 인지했던 것입니다. 그래서 화서학파는 전통의 틀 속에 안주하기보다는 민족 주체의 중요성을 설파하는 대열에 서 있었습니다. 그것은 화서학파 여성의 행적에서도 나타납니다. 이들은 유교적 틀의 잣대로 여성의 입지를 해석했던 기존의 편견을 넘어 구국 활동의 일선에 여성들도 참여할 수 있도록 '의'의 중요성을 강조했습니다.

'의로움'으로 체득한 뜨거운 실천 의지

당시 화서학파의 민족의식에 기초하여 항일구국운동을 실천했던 여성으로는 윤희순과 곽낙원, 의병장 이진용의 아내 우씨 부인, 그 밖에도 항일구국운동에 참여했던 많은 이들을 들 수 있습니다. 그들을 살펴보면, 이례적인 부분이 포착됩니다. 전통적인 화서학파 집안에서 여성의병장이 배출되었다는 점으로, 윤희순이 활약했던 춘천 지역은 화서학통을 이은 화서 문인들의 결집지이자 위정척사운동이 격렬했던 곳이었습니다. 그렇기에 이 지역에서 여성의병장의 목소리가 두드러졌다는 것은 상당히 고무적인 일이 아닐 수 없습니다.

이처럼 유교 사회에서 살림을 책임지던 여성들이 구국투쟁의 일선에 설 수 있었던 것은 오직 나라와 민족에 대한 염려 때문이었습니다. 당시 우리나라에는 국가의 안위를 걱정했던 수많은 지식인이 있었습니다. 그들과 함께 활동한 의식 있는 여성들이 의로움을 체득했기에 항일구국투쟁의 일선에서 활약했을 것입니다. 그런 점에서 볼 때 화서학파 여성들은 구국운동의 실천자일 뿐만 아니라 민족과 여성, 그리고 독립의 정신적 가치를 돌아보게 한 '시대적 역할자'였습니다.

화서학파

조선 후기의 성리학자인 '화서 이항로' 선생의 제자들을 일컫습니다. 화서학파는 척사구국운동에서 중심 역할을 했을 뿐만 아니라 위정척사운동·의병운동·독립운동·교육활동·계몽운동 등 활동의 주역으로 한국민족운동사에서 중요한 입지를 차지하고 있습니다. 많은 여성들이 있었지만, 화서학파 여성으로 유일하게 인정받은 윤희순은 화서학파 학맥도에 기록되어 있습니다.

선도적인 제주 의사 고수선

일본의 감시를 피해 독립운동에 참여하다

앞의 3장에서도 이야기했지만 제주 지역은 육지와 떨어져 있었기 때문에 제주만이 갖는 특성이 있습니다. 제주 내에서 전개된 독립운동의 성격 이외에도 육지와 교류하면서 독립운동의 맥락을 계승한 흔적이 공유하는 특수성을 가지고 있는 것입니다. 제주여성의 독립운동을 이해하기 위해서는 일제강점기 제주독립운동의 맥락을 확인하고 분석하는 연구가 우선되어야 합니다. 그 흐름 속에서 제주여성독립운동가의 활동을 확인해야 하지요.

제주에 방문했을 때, 여성독립운동가 고수선의 후손을 만날 수 있었습니다. "어머니는 제게 세상을 보는 사랑의 눈을 남겨 주셨어요. 제가 지금 어린이집을 운영하는 이유는 어머니의 정신을 계승하기 위함입니다."라고 말하던 고수선의 아들 김률근. 어린이를 인간답게 키우는 일이 곧 나라 사랑의 길이라고 한 어머니의 말씀을 받들어 일생을 어린이집 운영에 쏟고 있는 그를 만나며 가슴이 뭉클해졌습니다.

고수선은 제주 대정읍 가파도에서 아버지 고석조와 어머니 오영원 사이의 무남독녀로 태어났습니다. 어려서부터 배움에 대한 열정이 강했던 그는, 집안의 반대를 무릅쓰고 집에서 4킬로미터나 떨어진 야학을 몰래 다녔습니다. 그렇게 제주의 신성여학교를 졸업하고 경성여자공립보통학교를 거쳐 일본의 의학전문학교에서 수학했습니다. 그리고 다시 경성의학전문학교를 졸업하여 제주여성으로는 최초의 여의사가 되었습니다.

3·1운동 당시 고수선은 상해 대한민국임시정부에서 군자금 모집 요원으로 활동했습니다. 국내의 군자금을 송금하는 역할을 했지요. 그러던 중 일본의 주요 감시 대상이 되면서 갖은 고초를 겪었습니다. 감시가 삼엄해지자 이를 피하기 위해 일본으로 건너간 뒤에는 요시오카 의학전문학교를 다녔습니다. 그러던 중 일본에서 관동대지진이 일어나면서 귀국했고, 다시 3·1만세시위 모의 혐의로 체포되어 가혹한 고문을 당했습니다. 고수선은 손가락이 불구가 될 정도의 심한 고문을 받고 나서야 겨우 풀려날 수 있었습니다.

어머니의 마음으로 조국과 아이들을 돌보다

일제강점기 삼엄했던 감시와 경계 속에서 활동한 이들은 일본의 감시는 물론 사회적 제약을 감내하는 이중고를 겪어야 했습니다. 그러한 시간을 거치면서, 여성독립운동가들은 더욱 강해졌습니다. 왜냐하면 광복이야말로 민족 희망의 빛이요, 후대에 대한 책임이라는 것을 명확히 알고 있었기 때문입니다.

고수선은 한국전쟁 고아 구휼의 일환으로 홍익보육원, 제주모자원, 송죽학원, 선덕어린이집, 경로당 등을 설립했을 뿐 아니라 제주여성의 권리 신장에도 앞장섰습니다. 1952년에는 제1대 제주도의회 의원으로 과감하게 도전장을 던지기도 했습니다. 그는 한국부인회 제주지회 창립과 지역여성단체 설립 등으로 선구적인 여성의 면모를 드러내며 지역민의 주목을 한 몸에 받았던 진취적인 여성이었습니다.

무엇보다도 고수선의 활동에서 주목해야 할 것은 '선도적인 여성지도자'라는 수식어를 뛰어넘어 '위대한 어머니'였다는 점입니다. 조국광복을 위해서는 그 어떤 행동도 마다하지 않은 것은 물론이고, 광복 이후 남북한의 이념 대립이 한국전쟁으로 이어지자 전쟁고아들을 가슴에 품어 안았습니다. 그는 고아의 어머니가 되어 그들에게 조국애와 세상을 보는 사랑의 눈을 심어 주었습니다. 이때부터 그는 본격적인 사회복지사업을 전개했습니다. 문맹퇴치를 위한 한글 강습소와 보육원, 어린이집 등을 설립·운영하여 지역 사회를 위해 봉사했습니다.

고수선은 여러 공적을 인정받아 1978년 용신봉사상, 1980년 만덕봉사상, 1981년 5·16 민족상을 수상하였습니다. 사후에는 고인의 독립운동 이력이 재조명되면서 1990년 건국훈장 애족장을 추서받기도 했습니다. 그의 강한 기개와 따뜻한 마음은 오늘날 제주도에 독립운동의 정신과 사회복지의 기반이 뿌리내리는 기반이 되었습니다.

고수선(1898~1989)

제주 대정읍 가파도에서 태어난 고수선은 어릴 적부터 배움에 대한 열정이 강했습니다. 제주신성여학교를 졸업하고 경성여자공립보통학교를 거쳐 일본의 의학전문학교에서 수학했습니다. 그리고 다시 경성의학전문학교를 졸업하여 제주 여성 최초의 의사가 되었습니다. 일본의 주요 감시 대상으로 지목되어 고난을 겪었지만 이에 굴하지 않고 어린이와 여성의 권리를 위해 힘껏 싸웠습니다.

평생 사랑한 조국을 위해, 이혜련

동행자, 동반자, 참여자의 이름으로

역사 속 위대한 지도자를 살펴보면, 늘 그 뒤에는 강인한 어머니가 있었고 남편을 올곧게 세웠던 부인이 있었습니다. 하지만 우리는 여성을 남성의 활동에 조력했던 역할자로만 평가해 왔습니다. 그 이상으로 의미를 부여하는 것에는 인색했지요. 여성독립운동가 이혜련도 마찬가지였습니다. 일제강점기에 안창호가 거침없이 독립운동 전선에 뛰어들 수 있었던 이유는 굳건한 믿음으로 정신적 지지대 역할을 한 아내 이혜련과 가족이 있었기 때문일 테지요. 안창호가 가족을 향해 쏟아 낸 수많은 편지와 글처럼, 그에게 있어 아내와 가족은 고단한 타국 생활을 버텨 내는 굳건한 힘이었고, 또 다른 의미의 조국이었습니다.

이혜련의 일상은 그야말로 전시 상황과 다름없었습니다. 타국에서

힘없던 한인사회를 일으키는 남편의 곁에서 한인사회의 재건과 독립활동에 힘을 쏟았습니다. 안창호는 미국과 중국, 러시아, 한국을 오가며 독립활동을 했기 때문에 가정을 돌보고 한인들을 챙기는 것은 오로지 이혜련의 몫이었습니다. 안창호가 추구한 공립협회와 대한인국민회, 흥사단 등 다양한 활동을 지원하며 미주지역 부인의 참여를 도모하는 것을 자처한 그였습니다.

1913년, 안창호는 독립운동의 기틀을 다지기 위해 흥사단을 창립했습니다. 창립일 당시 그들이 들었던 흥사단 기에는 잘 알려지지 않은 사연이 있습니다. 흥사단의 단기로 사용된 삼각형 모양의 깃발은 이혜련이 직접 수를 놓아 완성한 것이었습니다. 월세방에서 생활하면서도 재봉틀로 천 조각들을 하나하나 이어 흥사단 기를 만들었던 것이지요.

한마음으로 평생을 살아간 두 사람

1973년 11월 7일 밤 8시 반 비행기로 이혜련이 한국에 돌아온다는 소식이 들려왔습니다. 고국을 떠난 지 71년 만에 환국한 유해 곁에는 장남 필립안과 장녀 안수산을 비롯하여 타국 생활의 힘겨운 순간을 함께한 자녀들이 있었습니다. "내 몸을 사랑하는 고국의 땅에 묻어 달라."는 고인의 유지를 받들어 한국에 돌아온 자리였습니다. 죽은 뒤에도 고국을 그리워했던 그는 안창호 곁에 묻혔습니다.

그동안 이혜련은 민족지도자 안창호의 부인으로 알려져 왔지만 국내외를 아우르는 독립활동을 실천한 여성독립운동가로는 소개되지 못했습니다. 2008년 정부로부터 애족장 서훈을 받은 여성독립운동가임에도 말이지요. 1919년 4월 1일에 조직된 대한부인구제회 활동을 시작으로 이혜련은 로스앤젤레스 부인친애회의 대표로도 활동했습니다. 광복 이후 1946년 1월 6일, 이혜련은 로스앤젤레스 대한인국민회 총회관에서 대한여자애국단의 총단장으로 선출되어 한국전쟁과 고국봉사활동을 실천했습니다. 조국의 곁에 마음을 두었던 이혜련과 안창호. 두 사람은 조국 독립을 염원한 한마음의 동지였습니다.

이혜련(1884~1969)

안창호의 부인으로 알려져 있지만, 국내외를 아우르는 독립활동을 실천한 여성독립운동가이기도 합니다. 남편이 추구한 공립협회와 대한인국민회, 흥사단 등 다양한 활동을 지원하며 미주 지역 부인의 참여를 도모하였습니다. 1919년 4월 1일에 조직된 대한부인구제회 활동을 시작으로 로스앤젤레스 부인친애회의 대표로 활발하게 활동하였습니다.

나라를 사랑하는 정성,
조마리아

국가로 향하는 마음으로

장한 아들 보아라.

네가 늙은 어미보다 먼저 죽는 것을 불효라고 생각한다면,

이 어미는 조소거리가 될 것이다.

너의 죽음은 너 한 사람 것이 아닌

한국인 전체의 공분을 짊어진 것이다.

네가 항소를 한다면,

그건 일제에 목숨을 구걸하는 것이다.

나라를 위해 딴마음 먹지 말고 죽으라.

대의를 위해 죽는 것이 어미에 대한 효도다.

거침없는 내용에 조금 놀랐는지 모르겠습니다. 이는 아들 안중근에게 보내는 조마리아의 편지입니다. 독립운동가 조마리아는 사실 독립활동보다 안중근의 어머니로 더 잘 알려져 있습니다. 그의 삶은 나라를 사랑하는 정성으로 가득 차 있다고 보아도 무방합니다. 남편 안태훈이 1906년 1월 사망한 뒤 아들 안중근의 활동을 적극적으로 지원하고 독립운동에 나아가는 데 적극적으로 지원했습니다. 특히 1907년 국채보상운동이 전국적으로 확산되었을 때, 안중근은 '국채보상회관서지부'를 설치하고 아내에게 장신구를 헌납하게 했습니다. 자신이 운영하는 삼흥학교 교원, 학생들과 적극적으로 활동하는 아들의 활동을 지켜보았던 조마리아는 '삼화항은금폐지부인회'를 통해서 국채보상의연금을 납입했습니다.

아들의 독립운동에 마음을 실어 주었던 어머니. 1909년 10월 26일 하얼빈역에서 이토 히로부미를 사살하며 일본 전체를 충격에 빠뜨렸던 안중근. 어머니와 아들의 모든 정성은 나라를 되찾고 궁극적으로 동양 평화를 지향하는 아들의 큰 마음으로 이어졌습니다. 나라를 사랑하는 정성이 가정에서부터 비롯되고 그 마음이 국가로 향하는 것은 어머니의 정성에서 시작된 것이지요.

조마리아에 관련한 내용은 많이 없습니다. 주로 편지로 많이 알려져 있지요. 조마리아는 1862년 배천 조씨 집안의 3남 2녀 중 차녀로 태어났습니다. 진해 현감을 역임한 순흥 안씨 집안의 셋째 아들 안태훈과 결혼하여 3남 1녀를 낳았습니다. 안중근이 첫째로 태어났지요. 안태훈은 개화파 지식인으로 활동했고 조마리아는 남편을 보좌하며 집안 살림을 꾸려 갔습니다.

조마리아가 역사적으로 주목받기 시작한 것은 1906년 1월 안태훈이 사망하고 장남 안중근이 본격적으로 독립운동에 뛰어들면서였습니다. "집안일은 생각하지 말고 최후까지 남자답게 싸워라."라고 말했던 조마리아. 힘겨운 현실에 굴하지 않고 당당히 맞서 나가는 힘을 전해 준 그의 강인한 정신을 되새겨 봅니다.

조마리아(1862~1927)

독립운동가이자 안중근의 어머니로도 널리 알려졌습니다. 그의 삶은 나라를 사랑하는 정성으로 가득차 있었습니다. 남편 안태훈이 1906년 세상을 떠난 뒤, 아들 안중근의 독립운동 활동을 적극적으로 지원했습니다.

역사적 올바름과 인간다움에 대해

바람직한 인간의 모습은 무엇일까

지난 2015년 7월 시행된 '인성교육진흥법'은 근래의 폭력적이고 반사회적인 문제로 물의를 일으킨 사건과 인성교육의 필요성에 대한 공감으로부터 시작되었습니다. 여야 정치인은 올바른 사회, 인간다운 품성을 길러야 한다는 의견에 만장일치로 결의했고, 통과된 법은 세계 최초의 인성교육 법제화 사례를 기록했습니다. 이후 인성교육에 대한 주된 관심은 학교에 초점이 맞추어졌지요. 올바른 시민을 양성하기 위해 인성교육이 어떤 방향으로 나아가야 하며, 학교와 사회가 어떤 '착한 순환로'를 확보할 것인가가 화두였습니다.

인성교육진흥법에서는 '자신의 내면을 바르게 가꾸고 타인·공동체·자연과 더불어 살아가는 데 필요한 인간다운 성품과 역량을 기르는 것을 목적으로 하는 교육'으로 인성교육을 정의하였습니다.

인성교육의 핵심인 '인간다움'이 우선되고 인성교육을 통해 사회에 긍정적인 효과를 나타내기를 바라지만 사실 교육 현장은 그리 녹록치 않은 현실입니다. 효과적인 인성교육을 위해 우리는 어디에 주목해야 할까요? 학생과 교사 모두를 위해 교육 효과를 부가시키기 위해서는 무엇을 해야 할까요?

이 물음의 해결책으로 가장 먼저 떠오른 것은 교과교육과정에서 다루는 유수한 동서양의 사상가와 그들의 삶이었습니다. 그리고 한국적 인성교육의 대안을 찾고 있는 이 시점에서 가장 적합한 인성교육 모델은 우리 역사 속 인물일 것이라 생각했습니다. 바람직한 인간의 모습에 대한 고민은 시대를 초월하여 반복되는 것으로서, 오늘날 '좋은 시민이란 무엇인가'라는 질문에도 근접합니다. 우리가 추구해야 할 가치는 무엇이며 어떤 삶을 영위해 나가야 할 것인가에 대한 고민과 심각성을 이제는 우리 모두가 인식하고 있는 듯합니다.

인성은 지식 습득이나 탐구 활동 등에 대한 경험만으로 형성되는 것이 아니라 의식 또는 무의식적 변화가 반영되어 균형적으로 발전하게 됩니다. 최근 인성교육은 훌륭한 성품을 갖춘 시민, 선진화된 시민 역량을 강화하는 데 초점을 맞추고 있습니다. 그런데 학교교육 현장에서는 청소년이 공감할 수 있는 모델을 찾는 데는 관심을 두지 않습니다. 인성교육이 생활 규율 속에 배태된 생활 윤리라는 점에서 접근한다면, 우리 역사의 곳곳에서 인성교육의 흔적을 발견할 수 있을 테지요. 그러한 까닭에 역사 속 인물들을 좀 더 가까이 들여다보게 됩니다. 좀 더 넓고 다양한 시각에서 접근한다면, 우리는 교과서를 통해서도 더욱 새롭고 열린 역사적 이해를 할 수 있지 않을까 싶어서입니다. '역사를 빛낸 100명의 위인들'뿐만 아니라 그 밖에도 많은 인물들, 그들의 새로운 이야기를 만날 수 있지 않을까 싶어서입니다.

여성, 주체적 참여자로 나아가다

우리나라는 예로부터 충, 효, 예를 중시한 민족입니다. 이는 개인적 차원을 넘어 개인과 국가의 상관관계를 규명하는 척도가 되기도 했습니다. 신채호은 "역사를 잊은 민족에게 미래는 없다."라는 말로 역사와 민족 간의 상관성을 언급하였습니다. 역사에는 우리 민족의 정의와 충절이 담겨 있으므로 국가 정체성과도 결부됩니다. 국가를 올곧게 세운다는 것은 국가 정체성을 바로 세우는 것이요, 개인과 국가의 관계가 굳건히 서는 것입니다.

국가의 정통성이 부정되고 침해당한 시기가 있었지요. 일제강점기 국권 상실로 개인과 국가의 공식적인 연결고리가 단절되었던 바로 그 때입니다. 하지만 남녀노소를 불문하고 굳건한 충과 의의 정신을 기반으로 모든 국민이 항일저항운동의 주역이 되었지요. 그것은 일제강점기에도 민족의 주체성이 상실되지 않았음을 방증합니다. 함께 살펴보고 있듯 식민교육과 민족의 근간 파괴에도 오히려 국민들은 항일독립 운동으로 확고해졌습니다. 우리 민족 모두가 독립운동의 주체가 되었고, 자발적인 나라 사랑의 실천자가 되었습니다. '자신의 내면을 바르고 건전하게 가꾸고 타인·공동체·자연과 더불어 살아가는 데 필요한 인간다운 성품과 역량'을 추구하였기 때문이라고 생각합니다.

근대사회로 전환되는 과정에서 여성은 사회 진출을 모색하고 여성운동의 선두에 서는 등 사회 곳곳에서 두각을 나타내기 시작했습니다. 그들의 삶 속에는 예, 충, 효, 책임, 존중, 배려, 소통 등이 자연스레 배어 있었습니다. 그리고 독립운동의 과정에서 국내외를 넘나들며 활동하는 진취적인 삶을 스스로 선택했음도 알 수 있지요. 그들이 지금 당장의 편안함보다 자신을 희생하는 독립운동을 선택한 배경에는 올바른 교육으로 이루어진 바른 사회의식과 국가 의식이 있었습니다.

근대교육기관에서 수학했던 여학생, 3·1만세운동의 도화선이 되었던 장터에서 활동한 여성, 중국 만주 노령지역 등 열악한 타지의 땅에서 자녀양육과 자녀교육, 그리고 독립운동까지 마다하지 않았던 여성들. 한국여성의 지조와 절개를 보여 준 우씨 부인은 이렇게 말했습니다. 잠깐 그 간절한 다짐을 들어 보도록 하지요.

> 한민족의 원수를 갚고 우리 가족의 원수를 갚고 한국의 국권을 찾기 위해 지금 우리는 목숨을 내걸고 싸우겠습니다.

이에 담긴 염원과 정신은 우리 민족이 반세기 동안 투쟁하며 지향했던 최종 지향점인 민족독립으로 귀결됩니다. 올바른 역사 인식과 함께 자랑스러운 대한민국인으로서 자긍심을 가지기 위해서는 한국사의 강화와 한국여성사에 대한 올바른 이해가 필요합니다. 이는 충과 효, 의의 실천이자 인성교육의 새로운 기반이 될 것이니까요.

6부

항일운동, 더 깊고 넓은 세계로 나아가다

수많은 독립운동가의 행적이 광복에 이르러
그 빛을 발했지만 아직도 한국여성의 독립활동과
관련한 연구는 미진한 상황입니다.

국채보상운동과 한국여성

위기를 또 다른 삶의 기회로 만들다

1997년 11월 21일. 대한민국은 국가부도사태를 막기 위해 국제통화기금(IMF)으로부터 구제 금융을 받는다는 발표를 했습니다. 그리고 12월 3일, 국민들은 텔레비전을 통해 긴급경제구제자금 합의서에 서명하는 모습을 지켜보았지요.

국가에 대한 자부심이 상실감으로 전환되는 순간을 경험한 대한민국. 기업 부도, 대량 해고, 원화 가치 폭락, 구조 조정 등으로 국내 실업자 수는 170만 명에 육박했고, 국민들은 그 위험과 부담을 무겁게 떠안았습니다. 그 와중에 국가 위기 상황을 극복하려는 자발적인 움직임이 '금 모으기 운동'으로 발휘되면서 또 하나의 역사가 만들어졌습니다. 위기는 또 다른 기회라고 했던가요? 금 모으기 운동, 국채보상운동은 개인의 자발적인 의지가 한데 모여 어떤 힘이 발휘될 수 있는가를 보여준 사례였습니다. 저는 전국에 있는 여성독립운동가의 흔적을 찾는 과정에서 소수, 개인의 힘이 곧 민족의 저력이자 위기를 극복한 동력의 씨앗임을 매 순간 확인하고 있습니다.

1907년 대구에서 시작된 국채보상운동도 마찬가지였습니다. 국채보상운동은 1907년 1월 29일 서상돈의 발의로 대구에서 시작되어 나라 살리기 운동으로 전국 곳곳에서 확대되었습니다. 당시 일본으로부터 강제 차관된 국채 1300만 원을 갚지 못하면 대한민국이라는 배가 좌초할 위기에 처하기 때문에 국민의 절박함은 이루 말할 수 없었지요. 각계각층에서도 국채보상운동의 취지와 의미를 지원하고 격려하는 것은 물론 국민의 자발적인 참여를 독려했습니다. 신문사는 논설과 기사를 연일 보도하며 조국의 현실을 직시해야 한다고 강조했습니다. 그렇게 국채보상운동은 대구에서 전국으로 확산되었습니다.

그 과정에서 한국여성의 활동도 두드러졌습니다. 대한매일신보에 연일 보도되는 기사에 여성의 자발적인 활동이 포착되었습니다. 부녀자가 중심이 된 국채보상운동은 대구 남일동 부인 7명 중심으로 '남일동 패물폐지부인회'가 2월 23일 조직되며 시작되었습니다. 이어 서울, 경기, 충청, 전라, 경상, 평안, 함경, 황해 등 전국적으로 확산되었습니다. 그 과정에서 여성국채보상운동은 양반 여성은 물론 신여성, 장터에 생활 터전을 둔 여성, 기독교단체 여성, 기생, 농상인 등 신분과 연령을 초월하여 국채보상의연금을 마련하였습니다.

국가 위기를 극복하는 동력

남일동 패물폐지부인회를 비롯하여 국채보상탈환회, 부인강찬회, 대한동 국채보상부인회, 부산항 좌천리부인회 감선의연회, 삼화항 패물폐지부인회, 진주애국부인회, 창원항 국채보상부인회, 선천의성회, 안악국채보상탈환회, 안성장기동부 인회보집소, 인천적성회, 의성회, 국채보상의무소, 제주 삼도리부인회 등 여성들은 전국적으로 의연금을 모집하며 성금 종류와 액수의 구분 없이 의연금을 모집했습니다. 그러자 현금의연형(현금), 패물의연형(패물), 절미감찬형(쌀, 곡물) 등 쌀 한 톨부터 급수비, 방문모금, 금은 패물 등에 이르기까지 보탤 수 있는 것이라면 무엇이든 기부하기 시작했습니다.

국내뿐만 아니라 하와이에 있는 부인들도 서신과 함께 보상 의연금을 보내오는 등 여성의 국채보상운동 참여는 거국적으로 확산되었습니다. 그러자 일본 통감부는 국채보상기성회의 가사 양기탁을 구속하는 등 지속적으로 방해 활동을 했습니다. 국채보상운동을 계기로 여성 구국 활동은 수면 위로 오르게 됩니다.

한편 헤이그 밀사로 순국한 이준 열사는 대안동 국채보상부인회에 초청 연사로 참석하여 여성운동의 필요성을 언급하기도 했습니다. 잠깐 그 이야기를 들어 볼까요?

여러분 부인들이시여, 여러분께서 나라 찾는 이 국채보상의 일을 완전히 실천하십시오. 그리하여 이등이 천 명이 있거나 만 명이 있다 하여도 상관이 없습니다. 우리 남녀 2천만이 한 뭉치가 되어 한 덩어리가 되어 국권을 잡고 있으면 어찌하겠습니까. 오늘을 당하여 무엇이고 국권 찾는 운동이라면 남녀를 물론하고 목숨을 바쳐 피로 주검으로 싸워 가면서 기어코 실천 실행하여야 되겠습니다. (……) 기어코 우리의 국채를 갚고 남녀평등으로 복영이 있고 은혜가 깊은 국민의 생활을 할 수 있도록 우리 남녀가 꼭 같이 분투하기를 바랍니다.

국가 위기를 극복하는 동력은 바로 국민의 의지에 있습니다. 여성국채보상운동은 자발적인 나라 사랑의 실천에 남녀의 구분이 없음을 몸소 보여 준 것이자 위기에 대처하는 한국여성의 지혜를 확인한 역사적 사건입니다. 그렇게 시대를 통찰하는 눈이 마음으로, 마음이 실천으로 전달되어 발휘된 하나의 뜨거운 역사로 기록되어 있습니다.

같은 뜻을 품은, 두 명의 박에스더

더 깊고 넓은 세계로 나아가는 통로

책 전반에서 살펴보고 있듯이 일제강점기 여성구국운동은 다양한 활동으로 전개되었는데 그중 여성지식인의 역할은 중요한 부분을 차지했습니다. 1919년 3·1운동 이후 일제의 탄압에 저항하기 위해 새로운 형태의 애국운동으로서 여러 분야에서 단체가 조직된 점을 특히 주목할 필요가 있습니다. 오늘은 그 가운데 한국 YWCA를 통해 왕성하게 활동한 박에스더를 살펴보고자 하는데요. 더불어 같은 이름을 지닌 또 다른 인물, 최초의 여성 의사로 알려진 박에스더도 함께 알아가고자 합니다. 두 사람은 서로 다른 시대를 살아갔지만, 나라를 위하는 마음은 하나의 공통된 사랑이었습니다.

먼저 YWCA에 대해 이야기해 보도록 하지요. 1922년 3월 조선여자기독교청년회 발기회가 개최된 이후 6월에 정식으로 창설된 한국 YWCA는 시대, 종교, 여성, 민족의 4개 키워드를 고스란히 반영한 단체로 출발했습니다. 동경여자학원에서 수학하며 동경 YWCA를 경험했던 김필례와 중국 북경 협화원에서 학생 YWCA 회원으로 활동했던 유각경, 선교사 아펜젤러, 겐소 부인의 후원이 주축이 되어 진행되었습니다. 지역, 연령, 국경을 초월하는 여성지식인을 양산하는 한국여성정신의 한 요체로 거듭난 YWCA는 교사, 간호사, 의사 등 신여성의 출현을 독려하며 그들의 의지를 외부로 표출시키는 통로 역할을 자처했습니다.

한국 YWCA는 창설 2년 후인 1924년 8월 25일 세계 YWCA에 정식으로 가입해 그 존재를 알렸습니다. 드디어 시대의 경계를 넘어선 한국여성의 공식적인 행보로 주목받게 된 것이지요. 한국 YWCA는 일제 탄압이 극심했던 시기에 창설되어 종교적 차원을 넘어서서 시대의 암운 속에 피어난 희망의 불씨와도 같았습니다. 1924년에는 서울 YWCA 공민학교를 세워 여성의 계몽에 힘쓰는 것은 물론 전국순회강연도 추진했습니다. 진주, 마산, 부산, 광주, 진남포, 해주 등 지방 YWCA를 조직했고 학생청년회와 시청년회 등 다양한 조직체를 갖추었습니다.

1926년 12월에는 황에스더, 손메례, 방신영 등 YWCA계 여성과 정종명, 황신덕 등 사회주의계 여성이 연합하여 직업여성의 친선 도모를 목적으로 한 망월구락부를 조직했고, 유각경은 신간회 창립대회에 여성대표로 참가하기도 했습니다.

시대의 한계와 억압을 넘어선 주체적인 여성들

1935년 4월 7일 자 『동아일보』 기사를 보면, '조선여자기독교연합회는 각 지방 기독청년회 사업 시찰을 위해 김성보와 박봉자를 파견'하여 지방과 협력을 돈독히 했던 것으로 기록되고 있습니다. 1938년 6월 8일에는 조선여자기독교청년회와 일본기독교여자청년회의 통합 결정을 했는데, 가맹 실행위원으로는 유각경, 박마리아, 김신실, 김성실, 박현숙, 홍석홍, 신애균, 김필례 등이 참여했습니다. 또한 평양여자기독청년회, 선천여자기독청년회, 대구여자기독교청년회, 전주여자기독청년회 등 전국적으로 기독신앙의 사회복음이라는 목적을 공유하며 세계 YWCA 성장과 함께 국제적 협조와 유대를 통해서 해외 선교및 연합에도 힘을 썼습니다.

이처럼 한국 YWCA는 일본에 예속되지 않은 조직체로 꾸며졌습니다. 회원들은 독실한 기독교 신자가 주축을 이루었지만, 그들의 활동은 종교적인 부분에만 국한되지 않았습니다. 지역, 연령, 분야를 막론하고 활동했던 이들의 숙원이 바로 독립이었기에 종교 활동을 넘어서는 민족운동의 선상에 설 수 있었습니다.

그 시기 하와이에서는 한국여성의 구국운동이 활발하게 이루어졌는데, 1900년대 초 하와이로 이주한 교포가 증가했기 때문이었어요. 교포들은 종교와 깊은 인연을 맺으며 타향의 설움을 달랬습니다. 박에스더의 가족도 그중 하나였습니다. 박에스더는 1902년 평안남도에서 태어나 일찍이 가족과 함께 이민하여 하와이에 거주하였지요. 하와이대학교와 캘리포니아주립대 대학원을 졸업한 뒤 미국 YWCA연합회 국제부 직원으로 일해 오다가 1947년 한국 YWCA 주재 고문 총무로 임명받게 되었습니다. 해방 이후 박에스더는 한국에 파견되었고, 정의롭고 평화로운 사회 건설을 목표로 여성의 지도력 양성에 힘썼습니다.

최초의 여성 의사, 박에스더

그럼 또 다른 박에스더에 대해서도 알아보도록 하지요. '한국 최초의 여성 의사'라는 타이틀로 유명하지만, 그러한 명성을 얻게 되기까지 박에스더가 살아온 시대 환경과 삶의 과정은 녹록지 않았습니다. 박에스더는 1877년 아버지 김홍택과 어머니 연안 이씨 사이에 넷째 딸로 평남 강서군 증서면에서 태어났습니다. 아버지가 선교사의 집에서 일했기 때문에 자연스럽게 선교사와 인연이 됐던 그는 이화학당에 입학, 집안의 반대를 무릅쓰고 정동에배당을 다니면서 영어를 배웠습니다.

1890년 즈음 한국의료사업을 개설했던 의사이자 선교사 홀(Hall, R. S)의 통역을 맡으며 접했던 의학에 대한 관심은 미국 유학으로 이어졌습니다. 뉴욕 퍼블릭 스쿨 1년, 이후 6개월간 간호학교 수학에 이어 볼티모어 여자의과대학을 졸업한 뒤 의사의 길에 들어서면서 박에스더는 우리나라 최초 여성전문병원인 '보구여관(保救女館, 1887 스크랜튼 설립)'에 한국여성 최초의 의사로 부임했습니다. 청진기를 들고 피고름으로 신음하는 환자를 위해 무료 순회 진료를 마다하지 않은 인물이 박에스더였습니다.

두 명의 박에스더가 시대를 뛰어넘어 주목받는 이유가 여기에 있지 않을까요. 이들은 핍박받던 그늘진 시대에 절대 굴하지 않았습니다. 자신의 삶을 일으키고, 세상을 바로 세우는 데 적극적인 활동을 했습니다. 진취적인 활동으로 한국여성의 희망의 불씨를 자처했던 것이지요. 암울했던 민족의 가슴에 희망의 불꽃을 일으켰던 이 두 사람의 삶에서 도전과 용기의 의미를 찾아보게 됩니다.

박에스더(1877~1910)

본명은 김점동인데, 남편의 성을 따르고 세례명을 붙였습니다. 서구 여성들처럼 남편 성을 따서 이름 짓는 것이 한때 유행이었던 까닭이지요. 박에스더는 우리나라 최초 여의사로, 여성전용병원인 보구여관(동대문부인병원의 전신)에서 진료하였고 수천 명의 환자를 휴일도 없이 쉬지 않고 돌보았습니다. 가마를 타거나 당나귀를 타고 어디든 도움이 필요한 곳에 진료하러 갔다는 일화 또한 유명합니다.

여성단체의 외침,
제주해녀항일운동

착취와 억압으로 삶의 기반이 흔들리다

일제강점기 민족독립을 위해 국내외에서 항일운동으로 투신했던 수많은 독립운동가의 행적이 광복에 이르러 그 빛을 발했지만 아직도 한국여성의 독립활동과 관련한 연구는 미진한 상황입니다. 그중에서 오늘은 최초의 여성단체 항일운동인 제주항일투쟁을 소개하려고 합니다.

1932년 1월 12일, 제주시 세화리 장터에는 항전 의지를 다진 해녀들이 하나둘 모여들었습니다. 이들은 제주시 구좌면 하도리, 세화리, 종달리, 연평리와 정의면 오조리, 시흥리 등 6개 마을에 거주하던 해녀들이었지요. 마치 이날을 손꼽아 기다렸다는 듯, 그들의 얼굴은 결의에 차 있었습니다.

해녀항일운동은 일제 식민지 경제 수탈에 침묵하던 해녀들이 고위 일본인 행정관의 부당한 처우와 부정부패에 대해 목숨을 걸고 항거한 운동이었습니다. 제주해녀들은 해산물을 채취하여 생계를 꾸렸는데, 당시 제주해녀의 해물 채취 특수 기술은 세계적이었습니다. 이들은 제주를 넘어 경남, 울산, 장산포, 일본, 블라디보스토크까지 과감히 진출했습니다. 그런 이유로 일제강점기에는 거간들과 고리채를 하는 일본인, 일본인 해조 회사로부터 비리, 결탁으로 노동력 착취를 당하면서 비참한 생활을 했습니다.

해녀들은 경제적 고통을 극복하기 위해 자발적으로 해녀조합을 설립했습니다. 하지만 각 지역에서 부과한 해녀의 입거 수수료와 각종 징수로 인해 압박은 갈수록 심각해졌습니다. 1930년, 해녀들은 성산포의 해초 부정 판매에 대해 항의했지만 조합과 당국에서는 이를 묵살했습니다. 해녀와 지역 청년들이 이를 규탄하는 격문을 작성하여 성산포와 구좌면 일대에 배포했지만 오히려 청년 2명이 검거되는 사건이 일어났습니다. 1931년에는 생복 감태재 판매를 담당하는 지정 매수인이 매수를 거절하여 해산물이 상하는 일이 일어나자 해녀들의 분노는 쌓여만 갔습니다.

부당한 현실에 당당히 맞서다

그러던 중 1932년 1월 7일에 하도리 해녀 300여 명이 부당한 현실을 참지 못해 해물 채취 호미와 빗창을 들고 하도리에서 세화리 장터까지 시위 행진을 벌였습니다. 바로 세화리 '세화장터'의 항의시위였습니다. 1월 12일에는 제주해녀의 요구 사항을 관철시키기 위해 2차 시위에 돌입했는데 그날이 바로 세화장날이었습니다. 유동 인구가 가장 많은 날이기도 했지만, 제주에 부임한 제주도사 다쿠치 데이키가 그곳을 시찰한다는 소식에 시위하기 적절하다고 판단했던 것입니다. 그렇게 본격적인 해녀항일투쟁은 세화장날에 폭발했습니다.

제주 해녀들은 부당한 현실을 고발하며 공식적인 항의를 위해 11개 항의 조건을 제시했습니다. 신임 도사에게 요구 조건을 제출하기 위해 천여 명의 해녀 시위대와 만여 명의 장꾼들이 모였지만 다행히 불상사는 없었습니다. 이후에도 제주도사는 무력으로 해녀 시위를 대응하였고, 1월 24일 해녀 1500명은 세화 주재소를 습격했습니다. 시위대는 건물을 파괴하고 경찰과 충돌하면서 폭력이 격화되었습니다. 결국 해녀 30여명이 검거되면서 체포된 뒤 투옥되었습니다. 당시 해녀항일투쟁의 주도자였던 김옥련(하도리 소녀회 회장), 부춘화(하도리 청년회 부녀부장), 부덕량(해녀조합 시위 주도 해녀)은 체포된 후 6개월 동안 옥고를 치르기도 했습니다.

우리나라 최남단에 위치하여 일본과 근접한 지리적 위치의 제주는 해양 농산물, 해녀 노동력, 제주 어장의 가치로 일찍부터 주목을 받았지만 그만큼 잦은 약탈과 억압을 받았던 것이었습니다. 생존권 투쟁은 물론 민족 현실에 대한 서러움이 폭발되어 또 다른 민중 저항으로 제주에서 일어났던 저항운동. 시대의 암울했던 잔상, 제주해녀항일운동에서 여성의 강인한 의지를 되새기게 됩니다.

제주해녀항일운동

1931년부터 1932년 1월까지 계속되어 온 제주해녀항일운동. 연간 1만 7130명이 참여하였고, 집회 및 시위 회수가 238회에 달했던 대규모 운동이었습니다. 국내 최대의 여성 주도 항일투쟁으로, 해녀들뿐 아니라 청년과 일반 농민층도 가담하여 일제의 식민지 수탈정책에 적극적으로 투쟁하였습니다. 역사적 의의와 성격을 재조명하고, 자취를 보존하기 위하여 1998년 8월, 구좌읍 상도리에 기념탑을 세웠습니다.

하와이 여성, 안중근의 재판 경비를 모집하다

어쩌면 꿈을 이룰 수 있을, 기회의 땅으로

여성독립운동가의 행적을 찾다 보면, 묻혀 있는 자료에서 지난 역사의 흔적을 발견하게 됩니다. 우리는 늘 역사의 기억을 중요시하면서도 여전히 무관심으로 홀대합니다. 일제강점기 1910년을 전후로 많은 이들이 국내외에서 독립운동에 투신했습니다. 또는 그 시기에는 많은 이들이 해외로 이주했습니다.

당시 열악했던 집안 사정을 외면하지 못했던 조선여성들, 안정된 삶을 영위하기 위해 새로운 터전을 찾던 이들은 타국에서 위기를 극복하려 했습니다. 그 시기에 하와이는 꿈을 이룰 수 있는 기회의 장소로 여겨졌습니다. 하지만 하와이에서 국권을 상실한 조국을 바라보는 이들은 참담한 심정이었습니다. 외면할 수 없는 조국의 현실을 마주하며 그들은 자신의 삶에 조국을 담기 시작했고, 조국의 현실을 마주하며 독립 자금을 모았습니다. 하와이 한인 1600여 명이 자발적으로 의연금을 모집하여 임시정부에 힘을 불어넣고 뜻을 전달한 것도 그 예일 것입니다.

미주에서 한인부인회는 1908년부터 꾸려졌습니다. 이후 1913년 3월 15일에 지역 부녀 대표자 41명이 호놀룰루에서 조국 독립운동을 결의하였고 3월 29일에 대한부인구제회를 결성하는 안을 통과시켰습니다. 마침내 4월 19일 대한부인구제회가 조직되었습니다. 구제회는 임시정부와 만주, 중경의 독립활동자금으로 송달하는 등 광복을 위한 독립활동을 지속적으로 했습니다.

그런 하와이에서 1909년 의연금 모금이 진행된 것이었지요. 1909년 12월부터 1910년 3월까지 총 4개월 동안 하와이 의연금 모금의 명목은 '안중근 의사 재판경비 의연금'이었습니다. 안중근의 재판 경비를 마련하기 위해 하와이에 거주하던 한인들은 남녀노소를 불문하고 일체가 되어 모금에 참여했습니다. 당시 1600여 명이 모은 기금은 2,915.85 달러로 오늘날 가치로는 약 67,000달러에 해당되는 큰 액수였습니다. 지금 우리나라 돈으로 치면 대략 7500만 원 정도인 셈이니 어마어마하지요?

사는 곳은 달라도 마음은 하나

기금에 동참한 명단에는 한인여성의 명단 기록도 있었습니다. 이들은 대체로 남편의 성을 사용하거나 본인의 성 옆에 남편의 성을 붙여서 기록하여 자신의 존재를 알렸습니다. 그중에서 '신명부인회'의 회원으로 명기된 이는 43명, 일반여성은 20명으로 기록되어 있습니다. 이 사례에서 당시 하와이에 거주한 한인여성의 애국심과 상호 교류가 활발했다는 것을 짐작할 수 있습니다.

1909년 6월 9일 자 『신한국보』에서 언급되는 하와이에 정착한 한국여성들은 교회에서 교육을 받거나 기독교 선교 활동을 통해서 결속을 다져나간 것으로 나타납니다. 특히 공식적인 기부에 참여한 명단도 보였는데, 김위레스, 박에스터, 임메리, 조매리, 최마리아 등 기독교와 연관된 이름이거나 김재근 부인, 박경수 부인, 이기영 부인, 김창근 부인, 안치길 부인 등은 풍속이 고스란히 반영되어 있는 칭호를 사용하고 있습니다. 여성단체로는 신명부인회를 비롯하여 부인교육회, 대한부인회, 대한소녀리그, 대한부인구제회, 영남부인회, 대한인애국부인회 등이 있는데, 이들은 구호금, 의연금을 수금하여 국내로 보내는 데 중요한 역할을 했습니다. 비록 거주지는 달라도 한마음이었던 조선의 여인들. 하와이 한인여성의 기록에서 강건한 나라 사랑과 조국 독립의 의지를 마주합니다.

임시정부 의정원으로서의 여성

모든 사람은 기본 권리와 의무를 동등하게 가진다

한 가지 질문을 던져 볼게요. 대한민국임시정부에서 여성은 단순한 조력자였을까요? 임시정부의 제정 헌법에서 언급하고 있는 남녀평등의 원칙을 살펴보면 의문점이 조금이나마 풀립니다. 1919년에 제정된 대한민국 임시헌장에는 대한민국의 주권이 인민 전체에 있다는 원칙을 분명히 하고 있습니다. '인민은 기본권과 의무를 동등하게 갖는다.'는 내용을 통해 알 수 있듯 임시정부는 여성의 역할을 단순한 조력자 역할에만 국한시키지 않았습니다. 임시정부에서 활동했던 여성은 실제로 조력자의 역할을 넘어서서 지도자적 면모를 보인 인물들이 많았습니다.

임시정부의 맥락에서 활동했던 상해 대한애국부인회와 대한적십자회에서는 국내외에서 활발한 독립운동을 했던 인물로 김마리아가 두각을 나타내며 주목을 받았습니다. 상해임시정부는 애국부인회를 중심으로 정부지원활동을 하는 김마리아의 고모 김순애와 정애경, 상해 애국부인회장 이화숙, 국내 애국부인회 대표 김원경 등이 정부 요원이 되어 국내외 활동을 하고 있었습니다. 1922년 2월 18일 김마리아는 김구와 함께 임시의정원 보궐선거에서 황해도 의원으로 선출되어 대의기구에서 당선된 최초 여성이었습니다. 상해 대한인 거류민단에서는 민단의원으로 김순애, 이화숙이 의원으로 당선되어 지방선거에서 여성의 입지를 굳혔지요.

김마리아의 이야기는 앞에서도 나누었지요. 그는 상해 여성계를 대표하여 1922년 1월 모스크바에서 열린 극동민족대회에 참석했고, 1923년 1월 31일 국민대표회의에서는 대한민국애국부인회 대표로 참여하여 개막 연설을 했습니다. 국민대표회의에서 독립운동의 정통성은 상해임시정부에 있어야 한다고 피력하며 지속적인 민족독립운동을 주장했습니다. 하지만 국민대표회가 결렬되면서 미국으로 망명하였습니다. 이후 그는 샌프란시스코의 대한애국부인단에 참석하여 동포들을 위한 연설을 하기도 했습니다. 독립을 위하여 여성의 역할과 실력양성을 강조했던 김마리아는 이후 동지들과 다시 근화회를 조직하여 독립운동에 헌신했습니다.

활동 영역을 넓혀 가며 역할과 책임을 다한 여성들

1930년대에 들어서면서 임시정부에서 활동했던 여성은 점점 더 많아졌습니다. 광복군 활동을 했던 이들을 제외하고서라도 임시정부의 직원으로 활동했던 이들 또한 적지 않습니다. 민영주, 김순애, 안봉순, 민영숙, 조계림, 최형록, 지복영, 신순호, 방순희, 이국영, 장희수, 김정숙 등은 내무부, 법무부, 외무부, 선전부, 문화부, 교통부, 비서처 등이 각 부문에서 활동을 넓혀 나갔습니다.

타국에서 설움을 극복하며 활약했던 여성의 역할을 인지하듯이 대한민국 건국 강령에는 "부녀는 정치경제문화 및 사회 생활상 남자의 평등 권리가 있음"으로 규정했습니다. 그리고 다시 한 번 인간 존중과 자유, 평등의 기본 가치를 주목시켰습니다. 독립을 염원했던 모든 민족의 염원, 독립정신은 바로 대한민국의 건국이념으로 반영되었습니다. 치열했던 독립운동의 일선에서 목소리를 거침없이 냈던 여성독립운동가. 그들의 활동을 대하고 있는 지금, 우리는 그들의 사회적 입지와 활동을 과소평가하고 있었던 것은 아닌가 하는 안타까움이 듭니다.

7부

잊힌 여성독립운동가를 기억하며

역사를 돌아보고 잊지 않는 것, 조국의 독립을
염원하며 목숨을 바친 수많은 이들을 기억하는 것.
이는 우리가 짊어져야 할 역사에 대한
책임입니다.

너무나 작지만,
한없이 컸던 그곳

생존의 이유가 숨 쉬고 있는 공간

2.65평 또는 1.23평. 일제에 대한 저항으로 격렬한 대치가 이루어졌던 그 시대, 서대문형무소에 수감된 여성독립운동가에게 허락된 공간은 한두 평 남짓했습니다. 2.65평의 그나마 큰 방에는 10명~11명, 1.23평의 작은 방에는 5명 정도가 수용되고 있었는데, 옥사의 수용 인원 한계를 초과한 상태였습니다. 수용 밀도가 평당 2.9명이었던 것을 감안하면 여성 수감자는 이미 그 한계치를 넘어선 것이었습니다.

1908년 10월 21일 경성감옥으로 개소되었던 서대문형무소의 경우, 의병운동과 항일저항운동에 투신했던 이들이 무차별적으로 체포되어 투옥된 집결지였다고 해도 과언이 아닙니다. 1918년 말에는 1만 2249명, 1919년 1만 5725명, 1930년 1만 6677명 등으로 일제의 탄압이 거세질수록 수용 인원은 기하급수적으로 늘어났습니다. 수감자들은 굶주림과 질병으로 사망하는 열악한 환경에 놓일 수밖에 없었지요.

서대문형무소에서는 일제의 수감·재판·사형 등이 격렬하게 진행되었습니다. 그럴수록 그곳은 민족 생존의 이유가 더욱 간절하게 숨 쉬는 장소가 되었습니다. 치열하고 격렬한 저항이 있었던 곳, 생과 사를 오가지만 독립 의지를 꺾을 수 없었던 이유가 그곳에 있었습니다. 형무소에 수감된 여성독립운동가들. 그들은 학생, 교사, 간호사, 선교사, 상인, 농업인, 언론인 등에 이르기까지 직업이 폭넓었고, 10대에서 60대 이상에 이르기까지 다양한 연령 분포를 보였습니다. 그러나 3·1만세운동 체포자 중 최다수를 차지했던 이들은 바로 여학생들이었습니다. 서울 시내는 물론 전국 각지에서 체포되어 올라온 여학생들은 구류, 미결, 무기징역으로 형량이 부과되었는데 형량은 곧 일제에 대한 불복종의 강도를 의미했습니다.

치열하고, 절실했던 역사의 현장을 기억하며

가로 15센티미터, 세로 10센티미터 크기의 작은 종이에는 개인 신상에 관한 간단한 정보가 기재되었습니다. 현재 서대문형무소의 수형기록표에는 181명의 여성독립운동가 기록이 남겨져 있습니다. 물론 이들이 서대문형무소에 수감된 인원의 전부는 아닐 테지요. 당시 평양형무소나 대구형무소 등 각 지역에 수감된 이들까지도 감안한다면 실제 수감 인원은 더 많았을 것입니다. 그들에 대한 기록이 일부 남아 있긴 하지만 모두가 독립운동가로서 서훈을 받은 것은 아닙니다. 서대문형무소 수형 기록표에 보존되어 있는 181명 중 독립유공자로 인정받은 이는 단 13명에 불과합니다.

형무소 수감 인원 중 서훈을 받은 이가 소수에 불과한 점에서 생각해 보건대, 역사를 발굴하고 재확인하여 각 사건의 연결 고리를 찾고 그 속에서 새로운 의미를 찾아내려는 노력이 아직도 미흡함을 확인하게 됩니다. 또한 남겨진 기록물에 의존하여 당시 독립운동가들의 행적을 가늠할 수밖에 없는 현 상황과 사료의 한계를 돌아보게 합니다. 일제의 잔악함과 폭력성에 굴하지 않고 저항한 이들의 활동을 최대한 발굴하여 그들의 명예를 복권시킬 수 있도록 많은 노력을 기울여야 할 것입니다.

그런 의미에서 서대문형무소는 민족의 강인함을 대변하는 곳이자 치열했던 투쟁의 장입니다. 그 역사의 장, 한 자락에 민족독립을 향한 여성독립운동가의 피맺힌 염원이 숨 쉬고 있음을 기억하면 좋겠습니다.

평남도청에 폭탄을 투척한 임신부 안경신

어떠한 한계에도 굴하지 않고

그대는 나라를 사랑하는가. 인물이 없다고 한탄하지 마라. 그 사람이 인물 될 공부를 하면 되지 않은가.

안창호의 어록은 나라 사랑의 의미와 깊이를 가늠하게 합니다. 일제 강점기 일본의 수탈과 탄압 속에서도 오직 독립을 위해 올곧은 마음으로 희생을 서슴지 않았던 선각자들의 행렬은 광복의 의미를 소중하게 하지요. 그 시대에 추구했던 민족의 자유와 독립은 어떤 경계의 잣대로도 통용될 수 없었던 염원이었습니다. 연령, 성별, 지역의 구분을 넘어서 민족항일투쟁을 꽃피웠고, 그 대열에서 자신의 희생을 아끼지 않았습니다. 진정 '독립'을 위한 길에 남녀의 구분이 없었던 시기였습니다. 어떤 한계에도 굴하지 않고 독립운동을 실천했던 여성독립운동가의 삶도 그러합니다.

1920년 8월 3일 밤, 내 고향과 내 조국을 지키겠다는 일념으로 평남도청에 폭탄을 투척한 임신부, 그가 바로 안경신입니다. 안경신에 대한 기록은 많이 남아 있지 않습니다. 단지 그의 형상을 묘사한 그림과 수감 기록, 신문 보도자료 등이 전부입니다. 그럼에도 그의 행적이 각인되는 것은 임신부의 몸으로 일제를 향해 폭탄을 투척했던 그의 과감함과 실천성에서 나라 사랑이 느껴지기 때문일 것입니다. 오늘은 그에 관한 이야기를 함께 나눠 보고자 합니다.

안경신은 평안남도 출생의 독실한 기독교인으로 평양여자고등학교 2년 과정을 수료했습니다. 1919년 3·1만세운동 당시, 평양 서소문 지역의 만세운동에 참여하여 일본 경찰에 체포되었고, 29일간 구금되었습니다. 이후 본격적으로 조직된 국내외 여성항일단체활동의 흐름에 힘입어 평안도 지역에서 조직된 대한애국부인회에서 적극적인 활동을 했습니다. 또한 대한민국임시정부의 군자금을 전달하는 교통부원으로 활동, 급변하는 국내외 정세를 파악한 독립운동가로 거듭났습니다.

일제의 식민 정책이 본격화되고 국내의 항일단체 및 관련 인물의 체포에 혈안이 되었던 시기에 평남도청 폭파 사건이 일어났습니다. 1920년 8월 미국 상하의원단 100여 명이 동양시찰차 한국을 방문한다는 소식은 일제통치기구의 파괴와 세계여론을 환기시킬 수 있는 충분한 기회라고 포착되었습니다. 임신 7개월의 23세 여성 안경신의 존재는 단순히 '여자 폭탄범'이라는 수식어에 그치지 않고 전 세계의 이목을 집중시키기에 충분했습니다.

가려진 역사의 기록 속에서

1921년 5월 10일 자 『매일신보』에 평남 경찰부 폭파범으로 안경신이 체포되었다는 기사가 실렸습니다. 하지만 우리는 지금껏 그의 존재를 잘 알지 못했습니다. 임신부였던 안경신이 자신과 아이의 목숨을 걸고 폭탄을 투척했던 이유가 가슴에 와 닿지 않아서였을까요, 아니면 그 시대의 절박함을 제대로 이해하지 못해서였을까요. 생각할수록 안타깝고 씁쓸한 마음에 젖어들곤 합니다.

안경신은 1심에서 사형을 언도받았습니다. 하지만 임시정부의 구명노력으로 2심에서 10년형을 받았고, 오랜 기간 옥고를 치루어야 했습니다. 시간이 흘러 그는 7년 만에 석방되었습니다. 민족독립을 위해 자신의 희생을 아끼지 않았던 안경신. 출소 후 그의 삶은 형언할 수 없는 고통 속에 놓였습니다. 출산, 감옥 수감, 아이를 돌보았던 부모님의 사망, 그리고 영양결핍으로 인해 눈이 멀어 버린 아이……. 조국을 위해 목숨을 걸고 희생했지만 그는 출소 이후에도 극심한 고통을 치러야 했고, 고뇌의 늪에 빠졌습니다.

출옥 이후 안경신의 행방에 대한 기록은 여전히 없습니다. 더욱이 안타까운 것은 독립유공자로 서훈을 받았지만 유족의 기록조차 찾지 못해 기록에 남아 있지 않다는 점입니다. 그의 아픈 독립운동의 행적을 이제야 품어 봅니다.

안경신(1895~?)

평안남도 출생으로 평양여자고등학교 2년 과정을 수료했습니다. 1919년 3·1만세운동 당시, 평양 서소문 지역의 만세운동에 참여하여 일본 경찰에 체포되었고, 29일간 구금되었습니다. 이후 본격적으로 조직된 국내외 여성 항일단체 활동의 흐름에 힘입어 평안도 지역에서 조직된 대한애국부인회에서 적극적인 활동을 했습니다. 평안도청에 폭탄 투척을 시도하여 체포되었습니다. 이후의 활동은 기록에 남아 있지 않습니다.

시대의 청년,
여성광복군의 활약

일제강점기 청년들은 어떤 모습이었을까

청년(青年)은 '신체적이나 정신적으로 힘이 넘치는 시기에 있는 사람'을 의미합니다. '희망과 미래, 정의와 정열을 실천하는 주체이자 실천인'의 의미를 담고 있는 청년. 그렇다면 일제강점기 청년은 어떤 모습이었을까요?

국권이 상실된 시대였던 일제강점기 청년의 모습을 한국광복군의 모습에서 찾아봅니다. 광복군의 전체적인 인원 규모나 대원 명단은 명확하게 파악되지 않고 있습니다. 그들의 자료가 대부분 소실되거나 중국 대륙 각지에서 활동을 했기 때문에 체계적인 정리는 힘든 상황입니다. 그렇지만 한국광복군은 1940년 9월 17일 '대한민국임시정부'의 국군으로 창설된 뒤, 해방 전까지 타국의 승인과 양해를 얻으면서 끊임없이 일제에 저항했습니다.

"만리타국에서 우리 군대가 되어 줄 젊은이가 있을 리 없다."는 우려를 깨고 임시정부를 주축으로 한국광복군이 조직되었습니다. 광복군의 구성은 임시정부 요원들을 포함하여 독립운동가, 한인 청년, 여성에 이르기까지 다양했습니다. 그들을 중심으로 총 사령부가 꾸려지면서 한국광복군은 일본에 맞섰습니다. 그중에서도 특히 주목해야 할 것은 '여성광복군'의 활약입니다. 1940년 9월 17일에 대한민국임시정부의 정규군의 공식적인 자리였던 한국광복군의 창립식에서 군복을 입고 참가했던 김정숙, 오광심, 지복영, 조순옥 등 여성광복군의 당당함을 확연히 느낄 수 있습니다. 한국광복군 창설 당시 사진에는 6명의 여성이 보입니다. 군복을 입은 여성 외에 도사복을 입은 신순호, 민영주 등이 있었습니다.

당시 한국광복군 창립식에 참여했던 이들은 1938년 11월에 결성된 한국광복진선 청년공작대이었는데, 34명 중 11명이 여성이었습니다. 이들은 병력을 모집하는 초모활동부터 선전활동, 심리활동, 구호활동, 대적 방송, 정보수집활동 등에 이르기까지 다양한 활동을 했습니다. 그들은 총과 칼을 들고 적진에 뛰어들거나 첩보 활동을 했던 여전사였습니다. 현재 여성독립유공자 중 29명만이 여성광복군 활동으로 인정받고 있지만 이들의 활약은 대단했습니다. 제1지대, 제2지대, 제3지대, 제5지대, 심리 및 방송활동 등 활동 영역도 다양했을 뿐만 아니라 여성독립활동의 참여를 독려했습니다. 특히 선전활동에서 여성들은 두각을 나타냈습니다. 주로 일본군의 사기 저하를 목적으로 한 대적선전(對敵宣傳)을 하거나 한국어·중국어·일어 등으로 된 전단과 벽보를 작성하여 살포했습니다. 또는 기관지를 발행하여 선전활동 및 여성의 분발을 촉구했습니다.

자유와 평화를 위해 한계를 뛰어넘다

전체 광복군 활동자 중에서 여성은 5퍼센트에 불과하지만 그들은 일제와 당당히 맞섰던 여성군인이었습니다. 1938년 10월 10일에 결성된 조선의용대의 '부녀복무단' 행적도 마찬가지였습니다. 부녀복무단으로 활동했던 27명의 단장인 박차정을 비롯하여 여성들은 의용군 활동, 부녀자 교육활동 등 적극적인 항전활동과 선전활동을 했습니다. 그 외에도 임시정부 요원의 자녀 중 다수가 광복군에 참여했습니다.

치열한 국내외 항전활동에서 여성은 전쟁터에서 속출했던 부상자를 치료하는 데도 한몫을 했습니다. 1919년 12월 20일 자 『대한매일신보』에는 세브란스 병원 간호부에 소속된 여성 4명이 독립활동으로 징역 6개월을 선고받았다고 언급하고 있습니다. 당시 1914년부터 1944년까지 서울과 평양 지역에서 독립활동을 했던 간호사가 28명에 이르렀다는 점은 여성광복군의 활약을 주목시키기에 충분합니다. 독립운동, 군자금 모집, 첩보활동, 비밀 연락, 독립군 규합, 여성운동 등 다방면에서 중요한 역할을 했던 한국여성. 그 치열했던 역사의 한 자락에서 한국여성은 일제의 탄압에 저항한 '시대의 청년'이었습니다.

시대를 통괄하는 청년의 행적, 그 행적을 관통하는 시대정신은 역사를 타고 흐르고 있습니다. 시대의 청년이란 누구일까요? 자유와 평화를 위해 목숨을 바쳤던 이들의 행적, 여성의 한계를 넘나들며 '민족독립'을 위해 투신했던 여성광복군의 역사에서 '시대의 청년'이라는 수식어를 떠올려 봅니다.

소리 없는 아우성이 아닌 진실한 목소리로

다음 세대를 위한 노력

인간의 실존은 세계 내 존재이며, 그 존재의 기본 성격은 역사성이다.

이는 독일의 실존주의 철학자 하이데거의 말입니다. 하이데거는 인간 존재와 역사성에 대해 탐구하였지요. 인간이 자신의 삶의 환경과 조건들을 떠나서 살 수 없고 인간의 삶이 곧 역사의 흐름이라는 의미를 담고 있습니다. 존재의 역사성을 언급했지만, 요즘 현대인에게 역사는 소리 없는 아우성에 가까울지도 모르겠습니다. 분단 70주년, 광복 70주년을 훌쩍 지나 보내면서 '나의 조국을 얼마나 사랑하는가?'라는 물음을 스스로에게 던져 보았습니다. 일제의 탄압과 고문 속에서 오직 조국 광복의 희망을 놓지 않았던 독립운동가들. 민족독립을 위해

서슴없이 목숨을 내놓았던 그들의 행적을 찾으려는 노력은 소홀히 했습니다. 무엇에 관심을 갖고 살아야 할지 근본적 고민을 맞닥뜨렸지요. 언젠가부터 역사 문제는 필수가 아닌 필요가 되고 말았기 때문입니다.

1919년 4월 11일 상해에서 수립된 대한민국임시정부는 광복을 맞이하고 환국을 할 때까지 실질적인 정부 역할을 했습니다. 상해, 항저우, 자싱, 난징, 창사, 광저우, 치장, 충칭 등으로 일제의 탄압을 피해 본거지를 여러 차례 옮겨야 했지요. 그런 위기 상황 속에서도 임시정부는 중국에서 활동하는 독립운동가들을 규합했고, 의지하며 정통성을 계승했습니다. 그 힘든 여정을 모두가 함께했습니다. 강탈당한 나라를 되찾기 위해 세대, 지역, 성별의 경계를 넘어선 활동으로 그들은 조국을 위해 애썼습니다. 나라를 되찾기 위한 독립운동은 다음 세대에 내 나라를 반드시 찾아주겠다는 마음의 실천이었습니다. 그 길에 여성 독립운동가도 함께했습니다.

수많은 여성의 활동과 희생이 역사 속에 묻혀 있지만, 사실 그동안 우리의 관심은 얕기만 했습니다. 잊힌 한국여성의 역사성을 되찾기 위한 시도와 기억의 역사를 일구기 위한 노력이 무엇보다 필요한 이유가 여기에 있습니다. 여성독립운동가들의 활동은 전 운동계열에서 나타납니다. 그들은 의병, 3·1운동, 문화운동, 국내항일, 의열투쟁, 학생운동 등 다양하게 만주 방면, 노령 방면, 중국 방면, 임시정부, 광복군, 미주 방면 등 그 시대의 경계를 넘어서는 항일투쟁 선상에서 활동을 펼쳤습니다. 비록 각자 처한 상황과 환경은 다를지라도 모두가 한마음으로 조국의 독립을 염원했습니다. 강건한 나라 사랑의 마음으로 힘을 모았던 것이었지요.

그러자 문득, 지금 우리는 어떠한 마음으로 국가를 마주하고 있는지 다시금 돌이킬 수밖에 없었습니다. '나라 사랑'이라는 단어만으로도 부담스럽고, '조국'이라는 단어가 괜스레 어색할 만큼, 그렇게 마음이 멀찍이 떨어진 것은 아닐까 씁쓸하기도 하고요. 국가는 나와 동떨어진 별개의 것이 아님에도, 나의 나라를 온전히 받아들이는 일이 참으로 어려워진 시대입니다. 이러한 세상을 살면서, 혐오와 무시, 불만을 넘어서려면 어떠한 노력이 필요할까 고민이 점점 깊어졌습니다.

나라를 대하는 마음

가끔 보훈 관련 행사에 참석하면, 송구한 마음이 앞섭니다. 열악한 상황 속에서도 묵묵히 보훈유관단체를 이끌고 계시는 어르신들을 대하면서 젊은이들의 관심이 절실하다는 생각도 듭니다. 그분들 가슴속에 새겨져 있는 나라 사랑을 실천하는 모습을 대하노라면, 우리 할머니와 할아버지, 더 오래된 과거의 역사가 보입니다. 부모가 자식을 사랑하듯, 스승이 제자를 돌보듯, 임금이 백성을 아끼듯 삶이란 사람과 사람이 함께 걸어가는 길이겠지요. 다산 정약용은 『여유당전서』 2집

7권에서 인간의 근본에 대해 말했습니다. 그는 두 사람이 더불어 걸어가는 길을 '인(仁)'이라고 하였습니다. 덕을 갖추기 위해서는 효(孝)와 제(悌)가 근본이 되어야 하고 임금이 덕을 실현해 나가기 위해서는 인이 바탕이 되어야 한다고 했습니다. 잠깐 그 내용을 함께 살펴보지요.

> 도(道)는 '사람이 걸어가는 바'이다. 인(仁)이란 두 사람이 서로 더불어 가는 것이다. 어버이를 효로 섬기면 인이 되는데 부자는 두 사람인 것이며, 형을 제로 섬기면 인이 되는데, 형제는 두 사람이며, 임금을 충으로써 섬기면 인이 되는데 군신도 두 사람인 것이고, 목자(牧者)가 백성을 자(慈)로 보살피면 인이 되는데 목과 민도 두 사람이다. 부부나 붕우에 이르기까지 무릇 두 사람 사이에서 그의 도리를 극진히 하는 것은 모두 인인 것이다. 그러므로 효제(孝悌)가 그 근본이 되는 것이다.

자유와 독립을 위해 치열한 삶을 살았던 이들. 서로 의지하며 힘든 길을 함께 걸어간 이들. 삶이라는 이름의 가시밭길을 꿋꿋이, 힘차게 헤쳐 간 이들. 여성독립운동가들의 행적을 더듬어 찾아가는 일은 다른 누구도 아닌, 지금 여기의 우리가 해야 하지 않을까요? 그 길을 함께 하며 깊은 조언과 격려를 나눌 수 있다면, 흩어져 있는 한국여성의 역사는 다시 일어서리라 생각해 봅니다. 나의 나라, 조국을 마주하는 마음도 조금 더 가까워지리라 믿고요.

나가는 글

이 글을 읽는 이에게 역사의 빛을 건네며

독립운동은 일본 제국주의의 침략에 맞서 민족의 자주성과 독립을 쟁취하기 위해 전개된 민족운동입니다. 나라를 잃었을 때 우리 민족은 우리의 말과 글을 쓸 수 없었고, 애국가를 부를 수도 없었습니다. 민족이 살아 있다는 것을 대내외적으로 알린 3·1만세운동. 어린아이부터 학생, 부녀자, 상인, 노인 모두가 하던 일을 멈추고 무기를 들었습니다. 그들이 들었던 무기는 총과 칼이 아닌 바로 우리의 말 "대한독립만세"였습니다. 그들의 손에는 우리의 국기 태극기가 들려 있었습니다.

어둠은 빛을 이기지 못합니다. 우리 역사에서도 어둠이 지배했던 시기가 있었습니다. 수많은 외침과 전쟁이 있었지만 가장 큰 암흑기는 일제강점기였지요. 하지만 그 어둠 속에서 빛을 찾기 위해 고군분투했던 강인한 민족적 저항이 있었습니다. 나라 잃은 민족의 설움이 곳곳에 가득했지만 조국을 되찾겠다는 굳은 의지와 희망을 품은 독립운동가. 그들의 피끓는 구국 활동은 전국으로, 전 세계로 퍼져 나갔습니다. 칠흑 같은 어둠의 지배를 뚫고 우뚝 선 독립운동가의 끊임없는 노력을 품어 안고 우리는 광복을 맞이했습니다.

샛별은 암흑 속에서 더욱 빛납니다. 태어나면서부터 전쟁과 죽음의 위협에 시달리고, 나라 잃은 슬픔 속에서 수난을 감당해야만 했던 잿빛 세상에도 샛별과 같은 이들이 있었습니다. 그들은 처절하고 치열한 싸움에도 결코 굴하지 않았고 또다시 일어났습니다. 그 빛을 따라 수많은 이들이 일제에 대한 저항의 길로 들어섰습니다. 한말 을미의병, 정미의병, 3·1운동, 국내외 항일운동에 이르기까지 어둠 속에서 반짝이는 빛을 따랐습니다. 그들은 나라를 잃은 슬픔 속에 피를 토하면서도 결코 절망하지 않았습니다. 고통 가운데 희망을 찾아 나섰으며, 조국의 독립을 위해 나라를 되찾기 위해 일제에 극렬히 저항했습니다. 날선 총칼을 들이미는 일제에 태극기로 맞서 싸웠습니다.

제가 이 분야에 뛰어든 계기는 한말 최초 여성의병장 윤희순에 대한 연구를 시작하면서였습니다. 윤희순의 활동을 시작으로 무자비한 일본의 식민 지배에 항거한 여학생들, 수많은 여성독립운동가들이 우리나라뿐 아니라 중국, 러시아, 일본, 미국 등지에서도 대한민국의 정신을 지키고자 했습니다.

누군가는 제게 묻습니다. 왜 이 일을 하고 있느냐고요. 무모한 일에

괜한 시간을 낭비하고 있지는 않느냐고 말이지요. 주위에서 많은 우려와 조언을 전했지만, 저는 가슴 뛰는 이 일을 포기할 수가 없었습니다. 전국 곳곳을 다니며 독립운동 역사의 흔적과 기록들을 찾았습니다. 여전히 가슴속에 어머니, 할머니의 이야기를 품고 있는 후손들 이야기를 들었습니다. 기꺼이, 그래야 한다고 생각했습니다. 그들이 품었던 역사 속 희망의 빛을 기억하고 계승해 나가야 하는 것은 이제 우리에게 남겨진 몫이 아닐는지요.

2019년 2월

심옥주

다시 쓰는 독립운동 이야기

나는 여성이고, 독립운동가입니다

초판 1쇄 펴낸날 | 2019년 2월 16일
초판 9쇄 펴낸날 | 2021년 12월 9일

지은이 | 심옥주
펴낸이 | 홍지연
펴낸곳 | ㈜우리학교

총괄본부장 | 김영숙
편집장 | 고영완
편집 | 정아름 김선현 전희선 조어진
일러스트 | 장경혜
디자인 & 아트디렉팅 | 스튜디오 헤이,덕
디자인 | 전나리 박태연
마케팅 | 강점원 최은 이희연
관리 | 정상희
인쇄 | 에스제이 피앤비

출판등록 | 제313-2009-26호(2009년 1월 5일)
주소 | 03992 서울시 마포구 동교로23길 32 2층
전화 | 02-6012-6094
팩스 | 02-6012-6092
홈페이지 | www.woorischool.co.kr
이메일 | woorischool@naver.com

ISBN 979-11-87050-84-1 43910

• 책값은 뒤표지에 적혀 있습니다.
• 잘못된 책은 구입한 곳에서 바꾸어 드립니다.